首都圏版⑳　**最新入試に対応！家庭学習に最適の問題集!!**

東京農業大学稲花小学校

2022年度版　過去・対策問題集

<問題集の効果的な使い方>

①お子さまの学習を始める前に、まずは保護者の方が「入試問題」の傾向や難しさを確認・把握します。その際、すべての「学習のポイント」にも目を通しましょう。
②入試に必要なさまざまな分野学習を先に行い、基礎学力を養ってください。
③学力の定着が窺えたら「過去問題」にチャレンジ！
④お子さまの得意・苦手が分かったら、さらに分野学習をすすめレベルアップを図りましょう！

必ずおさえたい問題集

東京農業大学稲花小学校

お話の記憶	お話の記憶 中級編・上級編
数量	Ｊｒ・ウォッチャー42「一対多の対応」
図形	Ｊｒ・ウォッチャー１「点・線図形」
常識	Ｊｒ・ウォッチャー34「季節」
面接	保護者のための面接最強マニュアル

2019～2021年度
過去問題
掲載
＋
各問題に
アドバイス付!!

日本学習図書（ニチガク）

目指せ！合格！

家庭学習ガイド
東京農業大学稲花小学校

ペーパー　行動観察　運動　親子面接

入試情報

募集人数：男子　36名　女子　36名
応募者数：男子674名　女子595名
出題形態：ペーパー、ノンペーパー
面　　接：保護者・志願者（オンラインで実施）
出題領域：ペーパー（お話の記憶、数量、図形、常識、言語）、
行動観察（運動含む）

入試対策

開校３年目となる2021年度入試は、前期日程が３日間（11/1～11/3）、後期日程が２日間（11/7・11/8）という日程で試験が行われました。出願数は、昨年度より371名増加し、1,269名となりました。これは、都内屈指の約17.6倍の高倍率になります。ただし、前・後期両方に出願している志願者が例年８割前後いることから、実際の倍率はこれよりも低くなると考えてよさそうです。
当日の試験は、各日とも４回に分けて行われました。月齢順にグループ分けされ、試験日の中で月齢の高い順（４月生まれ～３月生まれ）に試験が行われます。
コロナ禍で行われた2021年度の入試では、オンラインで面接が実施されました。「自宅であまり緊張せずにできた」という声もありましたが、「リラックスしすぎてふざけてしまった」という声もありました。すでに発表になっている通り、2022年度入試でもオンライン面接が実施される予定です。これまでとは違った対策が必要になってくると言えるでしょう。2022年度入試は、試験日程に大きな変更があります。これまで行われていた後期日程がなくなり、前期日程が１日増える形で11/1～11/4という試験日程になりました。詳細の発表はありませんが、複数出願ができなくなると考えてよいでしょう。今後の状況次第では、また変更が生じる可能性もあります。どんな状況にも対応できるように準備を整えておきましょう。

- 出願時に1,000字程度の作文が課されています。保護者の教育に対する考え方を観るためのものなので、しっかりと時間をかけて書くようにしてください。

- 面接では、基本的な質問のほかに、親子で絵本を読む課題もありました。この課題では、日常の親子関係やそれぞれの素の姿が観られます。ふだんの生活についても見直しておくとよいでしょう。

- 当校では、例年、訂正に二重斜線を使います。試験前に指示があるので、指示通り行うようにしましょう。

- 2021年度入試では、これまでの鉛筆に加え、クーピーペンシル（赤・青）を使用。感染症対策の観点から筆記用具は持参になりました。そのほかにも、細かな持参物の指示がありました。2022年度入試でも同様となることが予想されるので、募集要項をしっかり読むようにしてください。

「東京農業大学稲花小学校」について

〈合格のためのアドバイス〉

東京農業大学は、農学・生命科学分野に特化した全国でも数少ない大学であり、自然や食、地球環境など、幅広いテーマを教育・研究領域としています。東京農業大学稲花小学校は、この教育資源を活用した初等教育の実現を目指し、2019年4月に開校しました。59年ぶりに設立された東京23区内の私立小学校という話題性だけでなく、1日に7授業時数を設けることや、英語の授業が毎日あること、また体験型の学習プログラムを豊富に設けることなど、独自のカリキュラムでも注目を集めています。

初年度の志願倍率は約12倍、翌2020年度入試は約12.9倍、3年目となる2021年度入試では約17.6倍という、設立3年目にして、すでに有数の人気校になっています。

ペーパーテストでは、しっかりとした基礎力が必要です。知識分野は、多くのことに好奇心を持ち、体験を通した知識を身に付けてください。また、図形や推理の分野では、図形や絵を見て特徴をすばやくつかめるよう、観察力を養うよう心がけましょう。指示や設問を正確に把握する集中力は、全分野において必須です。問題練習と生活体験を連携させ、実践力を伸ばしましょう。本書掲載の問題で傾向をつかみ、学習のポイントを参考にして家庭学習を行ってください。

行動観察（運動）は、指示された行動を周囲のことも考えながら行えるかというところがポイントです。また、面接（2021年度入試はオンラインで実施）では、質問に答えるだけでなく、絵本を見ながら親子で対話することも課題になっています。学校が観たいのは、ご家庭やお子さまの「ふだんの姿」です。小学校入試にあたって、形だけを整えるのではなく、日常生活そのものを捉え直すことが、試験対策にもつながります。

〈2021年度選考〉

◆ペーパーテスト
（お話の記憶、数量、図形、常識、言語）
◆行動観察（運動含む）
◆保護者・志願者面接（オンラインで実施）
◆保護者作文（願書提出時）

◇過去の応募状況

2021年度	男子674名	女子595名
2020年度	男子529名	女子396名
2019年度	男子472名	女子393名

入試のチェックポイント

◇受験番号は…
「生年月日順（試験日ごと）」
◇生まれ月の考慮…「なし」

(得) 先輩ママたちの声！

◆実際に受験をされた方からのアドバイスです。
ぜひ参考にしてください。

東京農業大学稲花小学校

・保護者作文と面接を重視していると感じました。子どもは話をしっかり聞いて、指示を守れる子が選ばれていると思います。

・ペーパー対策はもちろんですが、親子のつながりや家庭の雰囲気も重視されているような気がします。

・事前面接（オンライン）時に、絵本を用意しておくよう指示があり、選択に迷いましたが子どもに選ばせました。絵本に関しての質問もありましたが、好きな絵本だったので自信を持って考えを伝えられたと思います。

・面接（オンライン）が自宅だったのと校長先生がやさしかったので、子どもがふざけだしてしまいました。オンライン面接は、練習しておかないと難しいと感じました。

・ペーパーでは高い処理能力が求められます。点図形はマストで、言語も重要だと思います。

・保護者作文は重要です。コピーをとっておいて面接で答えられるようにした方がよいでしょう。

・ペーパーは解答時間が短い（特に点図形）ので、スピードが求められます。対策にはかなりの訓練を要すると思います。

・日頃から、お子さまの興味を中心に、季節の行事や体験を家族でたくさん共有されるとよいと思います。

・集合時間の30分前に開門されたので、トイレは学校に入ってからでも間に合うと思います。

東京農業大学稲花小学校
過去・対策問題集

〈はじめに〉

現在、少子化が叫ばれているにもかかわらず、私立・国立小学校の入学試験には一定の応募者があります。入試は、ただやみくもに学習するだけでは成果を得ることはできません。志望校の過去における出題傾向を研究・把握した上で、練習を進めていくこと、その上で試験までに志願者の不得意分野を克服していくことが必須条件です。そこで、本問題集は小学校を受験される方々に、志望校の出題傾向をより詳しく知って頂くために、過去に遡り出題頻度の高い問題を結集いたしました。最新のデータを含む精選された過去問題集で実力をお付けください。

志望校の選択には弊社の「**2022年度版　首都圏・東日本　国立・私立小学校　進学のてびき**」を参考になさってください。

〈本書ご使用方法〉

◆出題者は出題前に一度問題を通読し、出題内容などを把握した上で、**〈準備〉**の欄に表記してあるものを用意してから始めてください。

◆お子さまに絵の頁を渡し、出題者が問題文を読む形式で出題してください。問題を読んだ後で、絵の頁を渡す問題もありますのでご注意ください。

◆**「分野」**は、問題の分野を表しています。弊社の問題集の分野に対応していますので、復習の際の目安にお役立てください。

◆一部の描画や工作、常識等の問題については、解答が省略されているものがあります。お子さまの答えが成り立つか、出題者が各自でご判断ください。

◆**〈時間〉**につきましては、目安とお考えください。

◆解答右端の**［○年度］**は、問題の出題年度です。**［2021年度］**は、「2020年の秋から冬にかけて行われた2021年度入学志望者向けの考査で出題された問題」という意味です。

◆**学習のポイント**は、指導の際にご参考にしてください。

◆**【おすすめ問題集】**は各問題の基礎力養成や実力アップにご使用ください。

〈本書ご使用にあたっての注意点〉

◆文中に**この問題の絵は縦に使用してください。**と記載してある問題の絵は縦にしてお使いください。

◆**〈準備〉**の欄で、クーピーペンと表記してある場合は12色程度のものを、画用紙と表記してある場合は白い画用紙をご用意ください。

◆文中に**この問題の絵はありません。**と記載してある問題には絵の頁がありませんので、ご注意ください。なお、問題の絵の右上にある番号が連番でなくても、中央下の頁番号が連番の場合は落丁ではありません。

下記一覧表の●が付いている問題は絵がありません。

問題1	問題2	問題3	問題4	問題5	問題6	問題7	問題8	問題9	問題10
							●	●	●
問題11	問題12	問題13	問題14	問題15	問題16	問題17	問題18	問題19	問題20
●							●	●	●
問題21	問題22	問題23	問題24	問題25	問題26	問題27	問題28	問題29	問題30
●									
問題31	問題32	問題33	問題34	問題35	問題36	問題37	問題38	問題39	問題40
	●	●	●	●					

◎学習効果を上げるため、前掲の「家庭学習ガイド」及び「合格のためのアドバイス」をお読みになり、各校が実施する入試の出題傾向を、よく把握した上で問題に取り組んでください。
※冒頭の「本書ご使用方法」「本書ご使用にあたっての注意点」も併せてご覧ください。

〈東京農業大学稲花小学校〉

2021年度の最新問題

問題１　分野：お話の記憶

〈準　備〉　鉛筆

〈問　題〉　お話をよく聞いて、後の質問に答えてください。

今日は朝から晴れてよい天気です。いつも寝坊ばかりしているマナブくんでしたが、珍しく早起きをしたせいかお腹が空いてしまいました。「ごはんまだ～」とお母さんに聞くと、「もうすぐできるから、座って待っていなさい」と言われたのでおとなしく座って待っていました。少し待っていると、マナブくんの大好きな目玉焼きとウインナーが出てきました。朝ごはんを食べ終わると幼稚園に出かける準備をします。忘れ物がないようにしっかり確認します。マナブくんは、お母さんといっしょに幼稚園に歩いていく時間がとても大好きです。でもそれよりもっと好きなことは幼稚園でお友だちと遊ぶことです。
幼稚園に着くと、仲良しのカズオくんとハナコさんとケイコがもう遊んでいました。「早くマナブくんも遊ぼうよ」とハナコさんが呼んだので、マナブくんは走ってみんなのところに向かいました。「何して遊んでるの？」とマナブくんが聞くと、カズオくんは「ボール遊びをしてたんだ」と答えました。マナブくんも加わって４人でボール遊びの続きをすることにしました。仲良く遊んでいた４人ですが、カズオくんが投げたボールがケイコさんに当たって洋服が汚れてしまいました。ボールが地面に落ちた時に泥がついていたようです。「お気に入りの水玉のワンピースなのに……」と言いながらケイコさんは泣き出してしまいました。みんながカズオくんに謝るように言うと、「わざとじゃないもん」と言って謝ろうとしません。さっきまで４人で仲良く遊んでいたのに、何だか変な感じになってしまいました。ハナコさんが「もうボール遊びはやめて砂場で遊ぼう」と言ったので、マナブくんとケイコさんはいっしょに砂場に向かいました。カズオくんはどうしようか考えています。
３人は砂場で大きなお城を作ることにしました。マナブくんが砂を集めて高く積み上げ、ハナコさんとケイコさんが形を作ることになりました。マナブくんは一生懸命砂を集めているのですが、道具がないのでなかなか砂を高く積み上げることができません。そんな時、カズオくんが「仲間に入れて」と砂場にやってきました。３人は相談して、「砂を集めるバケツを持ってきたら仲間に入れてあげる」と言いました。カズオくんはバケツを探しに行きました。少しするとカズオくんが、バケツを２つ持って戻ってきました。「２つあった方が大きなお城が早く作れると思って……」と言ったので、みんなはニッコリ笑いました。カズオくんはみんなのために一生懸命バケツを探したのでした。また、４人で遊びます。カズオくんは「洋服汚しちゃってごめんね」とケイコさんに謝りました。
道具を手に入れて、人数も４人になったので、お城はあっという間に出来上がりました。「やっぱり４人で遊んだ方が楽しいね」とケイコさんが言うと、みんな大きくうなずきました。「明日は何して遊ぼうか」とマナブくんがみんなに聞くと、ケイコさんは「明日は汚れてもいい洋服を着てくるから、またボール遊びをしよう」と言いました。カズオくんは何だかうれしくなってしまいました。４人はこれからもずっと仲良しです。

（問題１の絵を渡す）
①マナブくんが朝ごはんで食べたものはどれでしょうか。選んで○をつけてください。
②ケイコさんはどんな洋服を着ていたでしょうか。選んで○をつけてください。
③洋服が汚れてしまったケイコさんはどんな気持ちだったでしょうか。選んで○をつけてください。
④カズオくんは、何を持ってきたら仲間に入れてあげると言われたでしょうか。選んで○をつけてください。
⑤みんなが砂場で作ったものはどれでしょうか。選んで○をつけてください。

〈時　間〉　各10秒

問題２　分野：数量（一対多の対応）

〈準　備〉　鉛筆

〈問　題〉　下の段にある車のボディには、タイヤがいくつ必要でしょうか。その数の分だけ上の段のタイヤに○をつけてください。

〈時　間〉　１分

問題３　分野：図形（鏡図形）

〈準　備〉　鉛筆

〈問　題〉　左端の形を鏡に映すとどう見えるでしょうか。右の四角の中から選んで○をつけてください。

〈時　間〉　１分

問題４　分野：図形（回転図形）

〈準　備〉　鉛筆

〈問　題〉　左端の形を矢印の方向に１回まわすとどんな形になるでしょうか。右の四角の中から選んで○をつけてください。

〈時　間〉　１分

問題５　分野：図形（点図形・模写）

〈準　備〉　鉛筆

〈問　題〉　左の絵と同じになるように右の四角に描き写してください。

〈時　間〉　１分

問題6　分野：常識、言語（理科、言葉の音）

〈準備〉　クーピーペンシル（赤、青）

〈問題〉　①タンポポの絵に赤で○をつけてください。カエルの絵に青で△をつけてください。
②タンポポと同じ音の数の絵に赤で○をつけてください。カエルと同じ音の数の絵に青で△をつけてください。

〈時間〉　①15秒　②30秒

問題7　分野：常識（季節）

〈準備〉　クーピーペンシル（赤、青）

〈問題〉　タケノコと同じ季節のものに青で□をつけてください。ピーマンと同じ季節のものに赤で○をつけてください。

〈時間〉　1分

問題8　分野：行動観察（運動）

〈準備〉　なし

〈問題〉　**この問題の絵はありません。**
①手をグーパーグーパーと閉じたり開いたりしてください。片足ずつ足をブラブラさせてください。
②足ジャンケンをします。負けた人あいこの人は椅子に座って待っていてください（最後の1人になるまで続ける）。
③片足立ちをしてください。8秒間がんばりましょう（終わったら反対の足で）。
④先生が体の場所を言うので、その場所を触ってください。ただし、「先生が」と言わない時は触ってはいけません（例「先生が鼻を触ります」の時は触る。「鼻を触ります」の時は触らない）。

〈時間〉　適宜

問題9　分野：行動観察

〈準備〉　なし

〈問題〉　**この問題の絵はありません。**
①5人程度のグループでしりとり。
②絵本のタイトルを先生がいくつか言う。知っていれば手を挙げる。
③先生がお話をして、その感想を手を挙げて表す（「おもしろかったと思う人」「いまいちだったと思う人」「つまらなかったと思う人」などと先生が聞く）。

〈時間〉　適宜

問題10　分野：面接

〈準備〉　絵本（事前に読み聞かせをしておく）、ICT機器（Zoom）

〈問題〉　**この問題の絵はありません。**

（今年度はZoomを使ったリモート面接）

【志願者へ】

・お名前、通っている幼稚園（保育園）の名前、年齢を教えてください。
・幼稚園（保育園）では何をして遊びますか。
・外で遊ぶのと家の中で遊ぶのではどちらが好きですか。
・男の子（女の子）とも遊びますか。
・おうちの人とは何をして遊びますか。
・おうちの人とはどんなところに出かけますか。
・どんな絵本が好きですか。

【親子へ】

・（事前に読み聞かせをした絵本について）この絵本について３人でお話しをしてください

【保護者へ】

・ご自身が子どもの頃の子育てと今の子育てで違いを感じるところはどんなところですか。
・これからの時代の子育てに必要になるのはどんなことだと思いますか。
・数ある学校の中で当校を選んだ理由は何ですか。
・お子さんが小学生になってできるようになってほしいことは何ですか。
・仕事をする上で大切にしていることは何ですか。

※答えに対して掘り下げる質問もあり。

〈時間〉　10分程度

問題11　分野：保護者作文

〈準備〉　なし

〈問題〉　**この問題の絵はありません。**

テーマ「志願者が社会人になる頃、社会はどのような能力や人柄を求めるようになると思いますか。また、それを踏まえ志願者をどのように育てたいと考えていますか」（1,080字）

〈時間〉　適宜

問題1

①

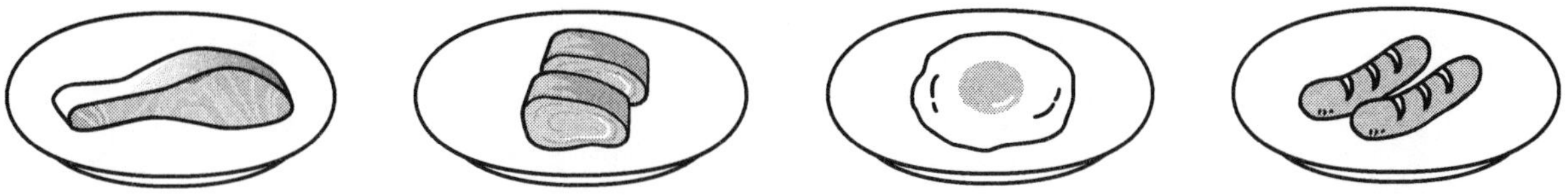

②

③

④

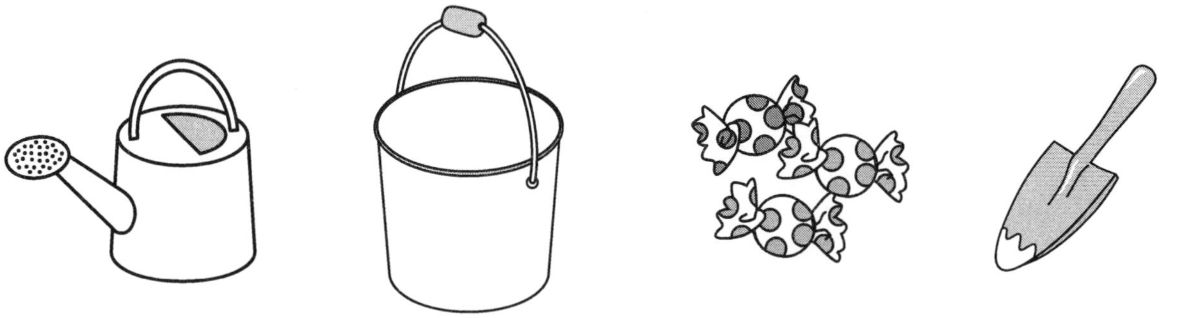

⑤

問題 2

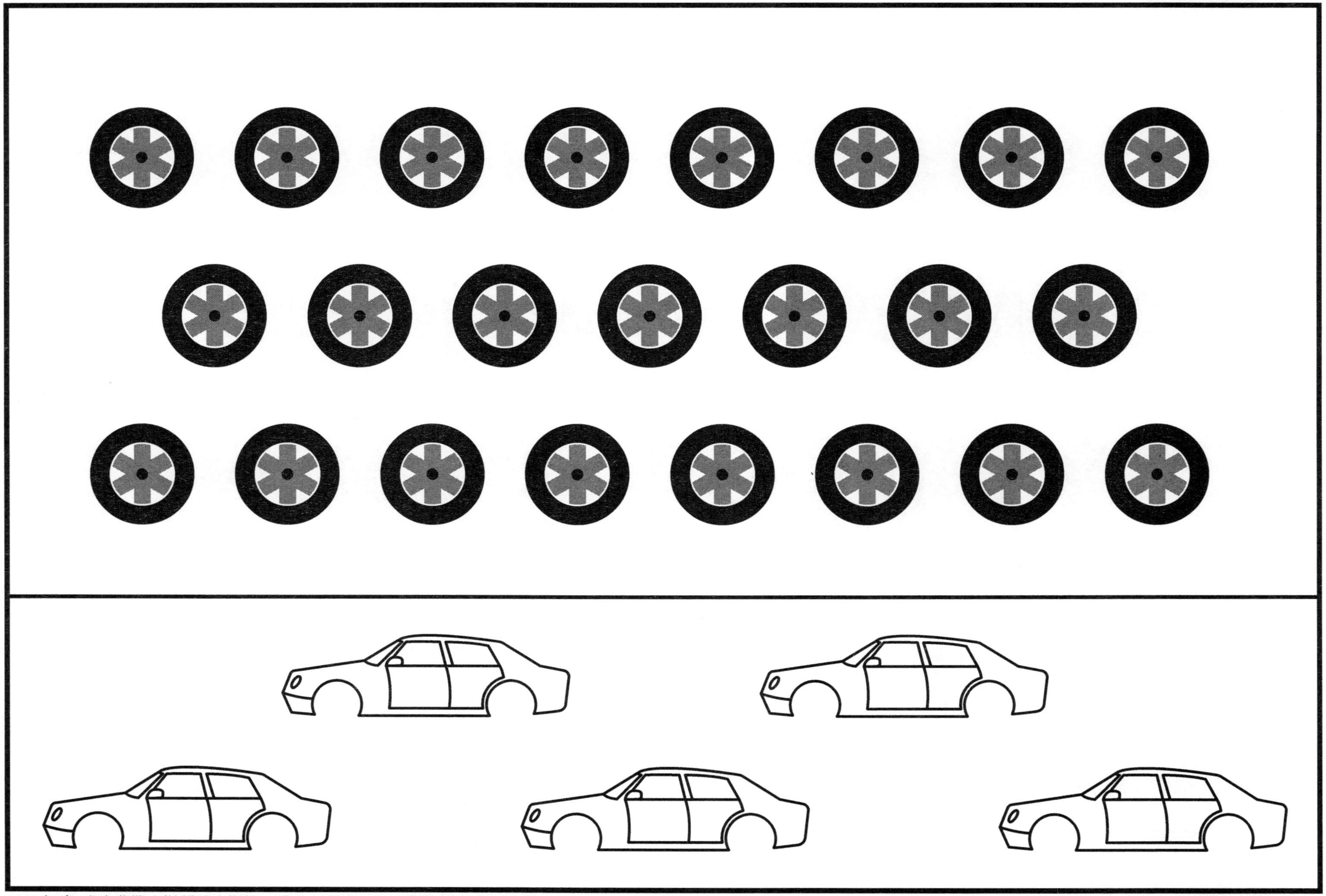

2022年度 東京農業大学稲花小学校 過去・対策 無断複製／転載を禁ずる 日本学習図書株式会社

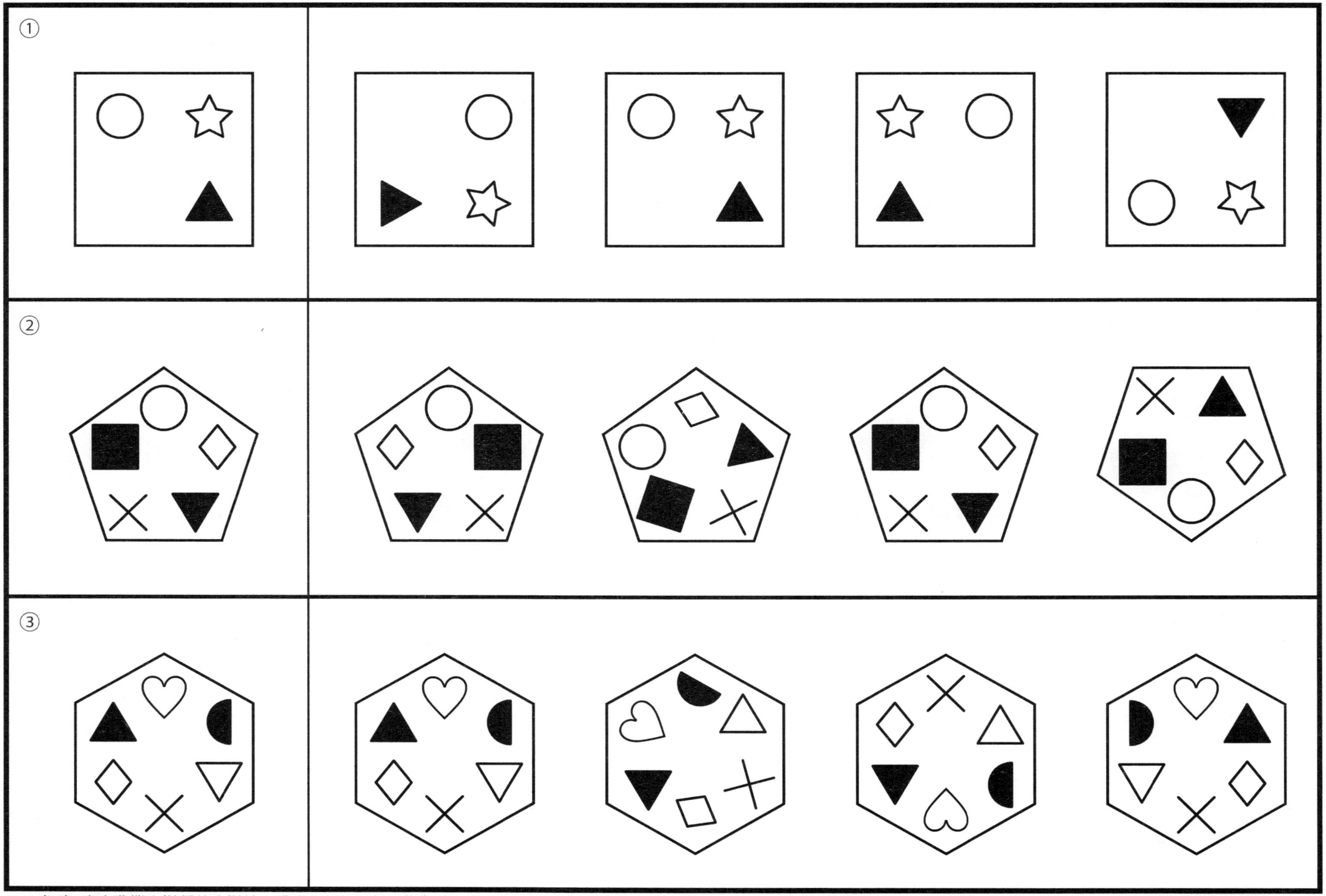

日本学習図書株式会社

2022 年度 東京農業大学稲花小学校 過去・対策 無断複製／転載を禁ずる

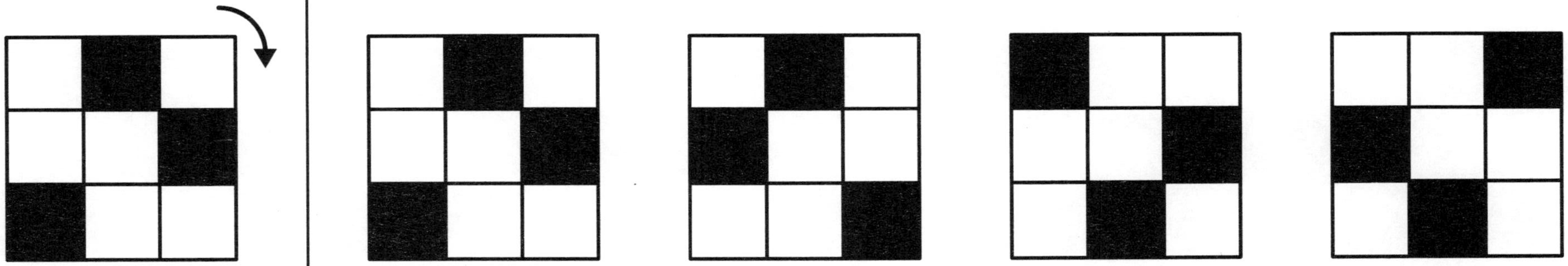

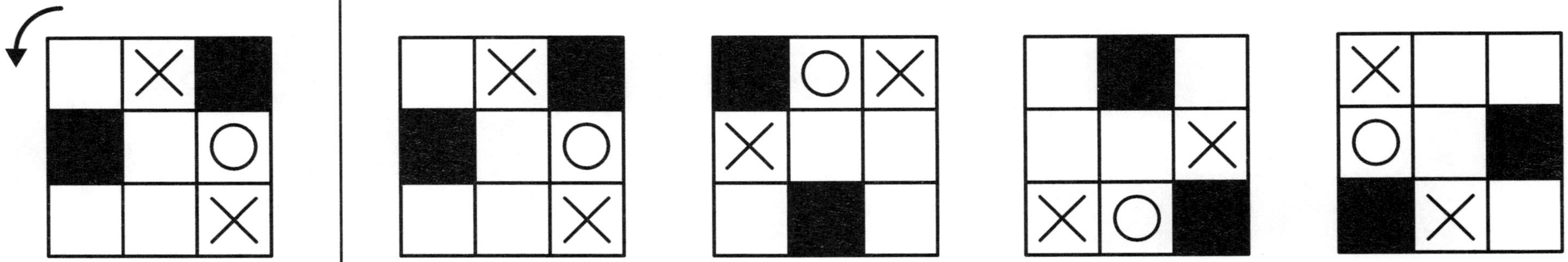

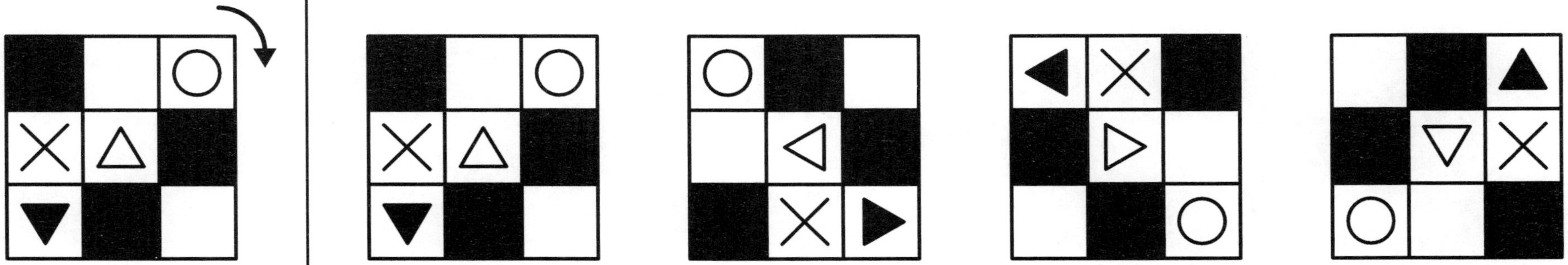

問題5

①

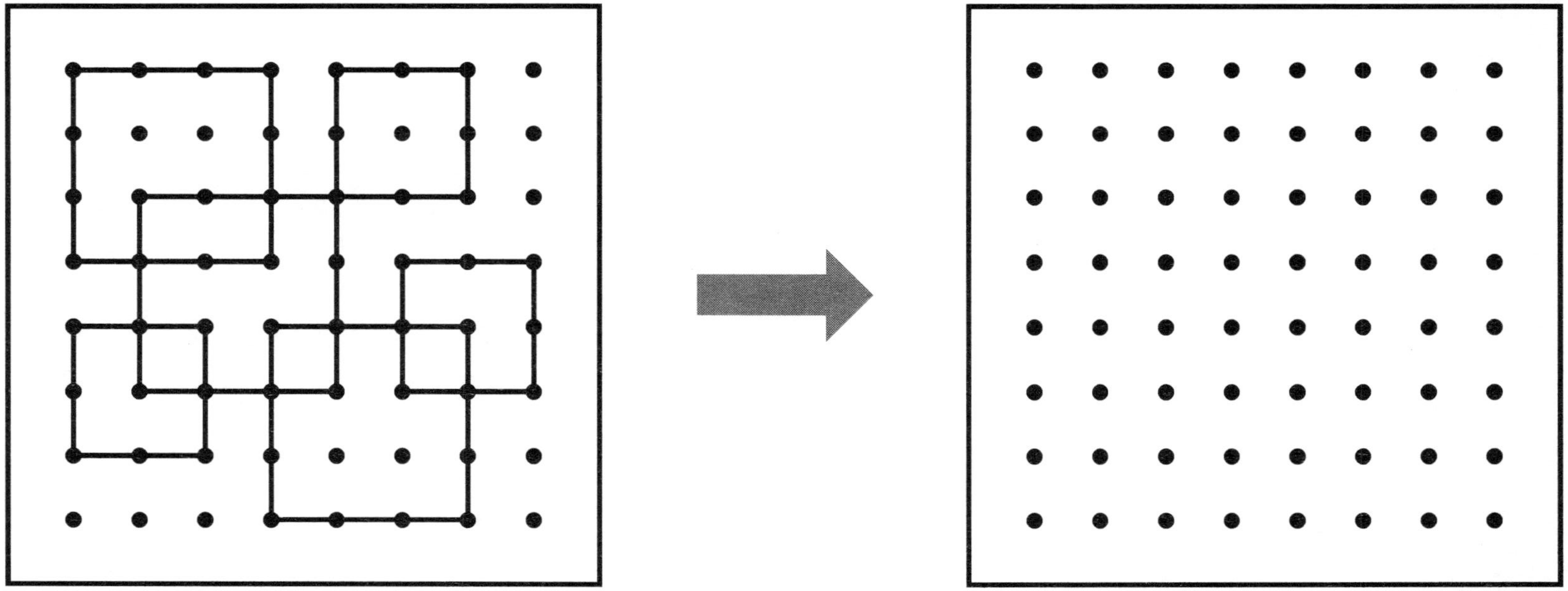

②

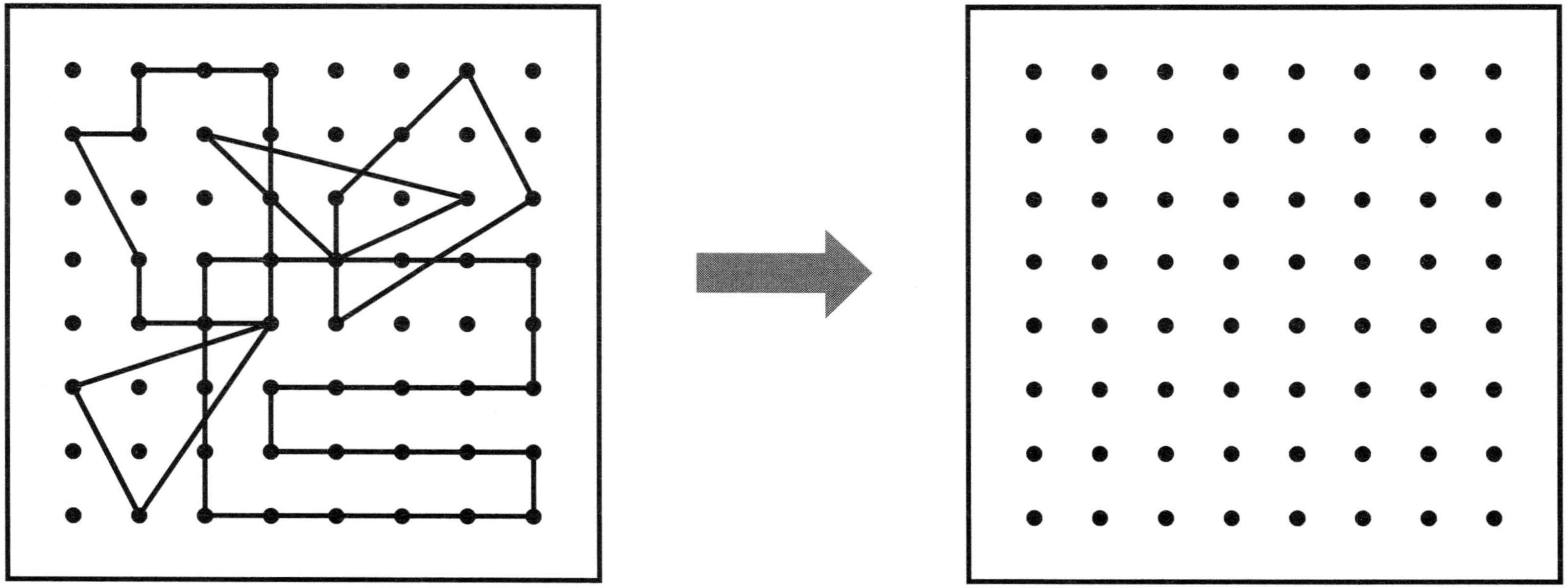

問題6

日本学習図書株式会社

2022年度 東京農業大学稲花小学校 過去・対策 無断複製／転載を禁ずる

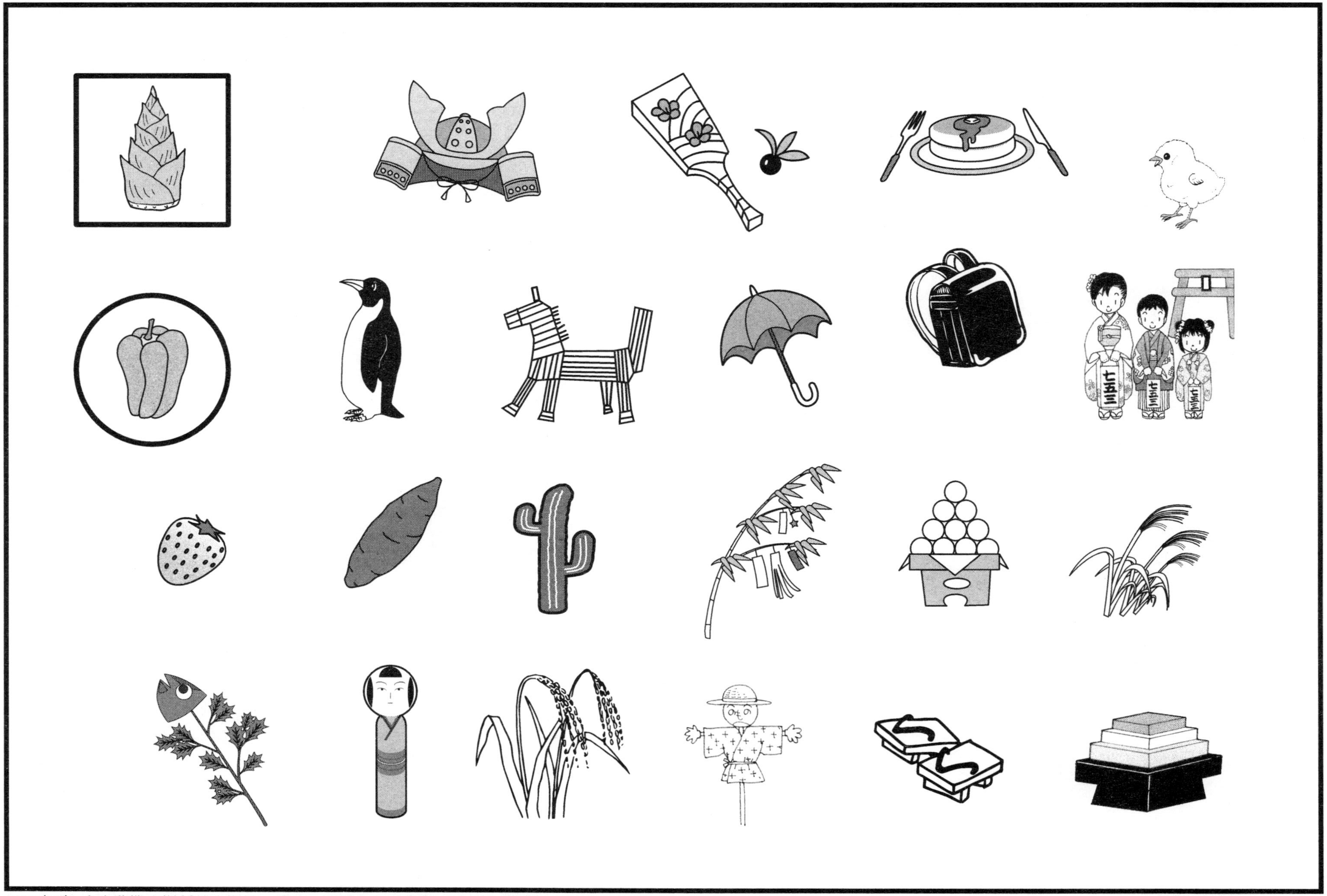

2021年度入試
解答例・学習アドバイス

解答例では、制作・巧緻性・行動観察・運動といった分野の問題の答えは省略されています。こうした問題では、各問のアドバイスを参照し、保護者の方がお子さまの答えを判断してください。

問題1　分野：お話の記憶

〈解　答〉　①右から２番目（目玉焼き）、右端（ウインナー）　②右から２番目（水玉）
③左から２番目（悲しい気持ち）　④左から２番目（バケツ）
⑤左から２番目（大きなお城）

問題自体はそれほど難しいものではありませんが、お話が長いので最後まで集中して聞くことができるかどうかがポイントになります。まずは「聞く」ことを最優先に考えていきましょう。ここで言う「聞く」とは、お話を理解するという意味も含まれます。学習をする時には、細かな質問をするというよりは、「どんなお話だった？」と聞いてみましょう。お話の要約をさせるのです。要約するためには、ストーリーを順序立てて思い出したり、お話のシーンをイメージしたりすることが必要になります。そうした力は、お話の記憶の基本でもあり、それができれば大半の問題に対応できるので、「聞く力」を意識して学習に取り組むようにしてください。

【おすすめ問題集】
1話5分の読み聞かせお話集①・②、お話の記憶 初級編・中級編・上級編、
Ｊｒ・ウォッチャー12「日常生活」、19「お話の記憶」

問題2　分野：数量（一対多の対応）

〈解　答〉　タイヤ20本に○をつける

基本的なことですが、車のタイヤは４本です。問題の絵は真横から見た車のボディなので、お子さまは１台に対しタイヤは２本と考えてしまうかもしれません。細かなことかもしれませんが注意してください。その考え方さえ理解できていれば、後は数えるだけです。本問では、全部でタイヤが何本必要かが問われていますが、「一対多の対応」では、「１台分ずつ○で囲む」や「（タイヤだけを示して）何台分あるか」といった問われ方もします。目先の形にとらわれず、何を問われているのかを見極める力をつけていきましょう。そうした力は、最近の小学校入試で求められることが多くなってきています。

【おすすめ問題集】
Ｊｒ・ウォッチャー42「一対多の対応」

問題3　分野：図形（鏡図形）

〈解 答〉　①右から２番目　②左端　③右端

「鏡図形」とは、鏡に映した時の形をイメージするもので、一般的には元の形から左右が反転した形になります。こうした問題にはじめて取り組む場合、頭の中で考えても理解するのは難しいでしょう。そんな時は、鏡図形の名前の通り、実際に鏡に映してみるとよいでしょう。小学校受験の多くの問題は、実体験を通じて得られる知識を聞くものです。特に図形問題では、目で見て、自分で動かして、感じることが重要になります。解答時間が短いからといって、ペーパー学習の量を増やしてもスピードアップにはつながりません。まずは、基本的な考え方をしっかりと身に付けることから始めましょう。

【おすすめ問題集】

Ｊｒ・ウォッチャー48「鏡図形」

問題4　分野：図形（回転図形）

〈解 答〉　①右から２番目　②左から２番目　③右から２番目

本問も問題３と同じように実際に動かしてみることが大切です。「回転図形」ですから、今度は実際に回転させてどう変化するのかを目で見て感じましょう。また、小学校受験の回転図形の表現として「回す」「回転する」「倒す」といった言葉が出てきます。これらは、すべて同じことを意味します。本問のような四角で言えば、90度回転させることです。学校や問題集によって言い回しが異なることがあるので、これらが同じことだということをしっかりと理解しておきましょう。回転させた形を実際に書く形での出題もあるので、回転後の形をしっかりとイメージできるようにしておくことが大切です。

【おすすめ問題集】

Ｊｒ・ウォッチャー46「回転図形」

問題5　分野：図形（点図形・模写）

〈解 答〉　省略

多くの保護者の方から「とにかく時間が短かった」との声がありました。「座標」を理解していることはもちろん必要ですが、本問に関して言えば、慣れるしかないというのが正直なところです。どういう線をどの場所に引けばよいのかを頭で理解していても、実際に書くことができなければペーパーテストとしての評価は得られません。そうした処理能力の高さを求めているとも言えますが、困難な課題に対してあきらめずに取り組むことができているかという部分も重要な観点なのではないかと考えられます。「最後までていねいに線を引いているのか」「あきらめて雑になっているのか」といったところは確実に観られているでしょう。

【おすすめ問題集】

Ｊｒ・ウォッチャー１「点・線図形」、２「座標」、51「運筆①」、52「運筆②」

問題6　分野：常識、言語（理科、言葉の音）

〈解答〉　下図参照

今年度の入試から筆記用具の色を使い分ける問題が出題されました。筆記用具持参だったのである程度の予測はついたと思いますが、こうしたちょっとした変化でもお子さまにとっては戸惑いの原因になります。こうした変更だけでなく、試験の前には必ず説明や指示があるので、先生の話を聞くことを徹底してください。本問では複数の指示がまとめて出されるために、どう解答するかも考えなければいけません。常識・言語の問題ではありますが、知識だけでなく、指示をしっかりと理解できているかという部分も観られています。当校の問題には、こうしたプラスアルファの観点がよく見受けられます。

【おすすめ問題集】

Ｊｒ・ウォッチャー27「理科」、55「理科②」、60「言葉の音（おん）」

問題7　分野：常識（季節）

〈解答〉　下図参照

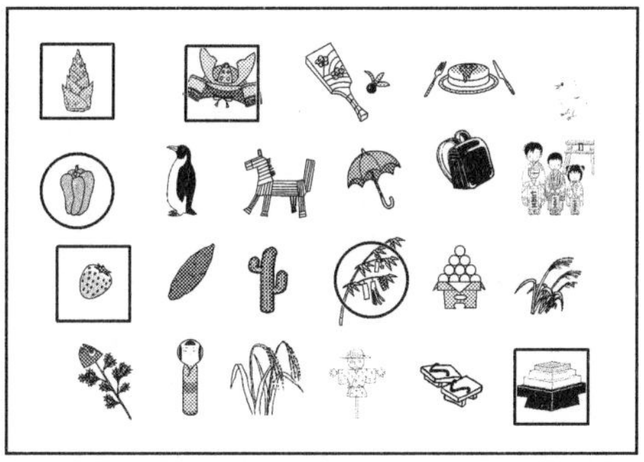

選択肢が多く、季節とは関係のない絵も混じっているので、悩んでしまったお子さまも多かったのではないでしょうか。そもそも季節に関係あるものなのか、季節がいつなのかがわかりにくいものあります。例えば、上から２段目左から３番目の藁馬などは、全国で四季のさまざまな行事に用いられているので、明確な季節を表すのが難しかったりします。試験本番で見たこともないものやわからないものが出てきた時に、「これは誰にもわからない」と考えて引きずらないことも重要です。わからないと悩んで、後の問題に影響が出てしまうことが１番よくないので、次に切り替える意識を持てるようにしてください。

【おすすめ問題集】

Ｊｒ・ウォッチャー34「季節」

問題8　分野：行動観察（運動）

〈解答〉　省略

今年度の行動観察は、ペーパーテストを行った教室でそのまま実施されました。その場でできるものばかりで、運動というよりは、指示行動と言った方が正確かもしれません。ゲーム的な要素が入っている課題もあったので、お子さまは楽しみながらできたのではないでしょうか。そんな中でも、「指示が理解できているか」「指示通りの行動ができているか」といったポイントはしっかり観られています。シンプルな課題だからこそ、その取り組み方に違いが出ます。「できる」と「きちんとできる」には大きな差があります。どんな課題でも一生懸命やり抜くという姿勢が大切です。

【おすすめ問題集】
新運動テスト問題集、Ｊｒ・ウォッチャー28「運動」

問題9　分野：行動観察

〈解答〉　省略

当校は、長文のお話の記憶が出題されたり、面接で絵本について親子で話をしたりと読み聞かせに関連した課題がいくつかあります。本問もそうした課題が中心でした。②では、絵本のタイトルを多く知っているからといって評価が高くなるということはないと思いますが、ふだんから絵本になじんでいるかどうかは判断されるのではないでしょうか。例年のように集団での行動観察ができない中、子ども同士の関係性ではなく、絵本を通じた親子の関係性を観ているとも考えられます。2022年度入試において、集団での行動観察が行われるかどうかは正直わかりません。だからといって今年度と同じとも限りません。ただ、読み聞かせは小学校受験すべてにおいてのベースになるものです。親子のコミュニケーションツールにもなるので、継続して行うようにしてください。

【おすすめ問題集】
Ｊｒ・ウォッチャー29「行動観察」、49「しりとり」

問題10　分野：面接

〈解 答〉　省略

今年度はオンラインで行われました。学校で行う面接の場合、緊張感もあるので、お子さまも自然と面接モードに入っていきますが、自宅での面接となるとその切り替えが難しくなります。ふだんの家庭での様子がそのまま観られると考えておいた方がよいでしょう。オンラインというと通信状態や機器などのことを気にしてしまいがちですが、お子さまをどう面接に向かわせるかという、気持ちの面の方がより重要になります。2022年度入試もオンラインでの面接が予定されています。対面での面接とはまた違った難しさがあるので、しっかりと準備をしておきましょう。

【おすすめ問題集】

新小学校受験の入試面接Q＆A、家庭で行う面接テスト問題集、
保護者のための面接最強マニュアル

問題11　分野：保護者作文

〈解 答〉　省略

「事前面接用質問票」という名前で実施されますが、しっかりとした保護者作文です。この作文以外にも、100字前後のアンケートが数問あるので、提出間際になって慌てないようにしましょう。提出したアンケート（作文）は、面接で掘り下げられることもあります。控えをとっておいて面接の前に読み返しておくことを忘れないようにしてください。考査時に書く作文とは違い、じっくり考えたり、調べたりしながら書くことができるので、つい作り込み過ぎてしまいがちです。借りてきたような言葉を羅列するだけでは、整って見えるだけで、中身のない作文になってしまいます。テーマを理解して、噛み砕いて、体験に照らし合わせて、自分の言葉で書くようにしてください。

【おすすめ問題集】

新小学校受験　願書・アンケート・作文　文例集500

東京農業大学稲花小学校　専用注文書

年　　月　　日

合格のための問題集ベスト・セレクション

＊入試頻出分野ベスト3

1st　図　形　観察力　思考力

2nd　数　量　観察力　思考力

3rd　お話の記憶　聞く力　集中力

当校のペーパーテストは解答時間が短いので、素早く考えることが求められます。その上、点図形などでは、書き写すスピードも必要になってくるので、効率よく作業することもポイントになります。

分野	書　名	価格(税込)	注文	分野	書　名	価格(税込)	注文
図形	Ｊｒ・ウォッチャー1「点・線図形」	1,650円	冊	数量	Ｊｒ・ウォッチャー42「一対多の対応」	1,650円	冊
図形	Ｊｒ・ウォッチャー2「座標」	1,650円	冊	図形	Ｊｒ・ウォッチャー46「回転図形」	1,650円	冊
図形	Ｊｒ・ウォッチャー4「同図形探し」	1,650円	冊	図形	Ｊｒ・ウォッチャー48「鏡図形」	1,650円	冊
図形	Ｊｒ・ウォッチャー6「系列」	1,650円	冊	言語	Ｊｒ・ウォッチャー49「しりとり」	1,650円	冊
図形	Ｊｒ・ウォッチャー7「迷路」	1,650円	冊	巧緻性	Ｊｒ・ウォッチャー51「運筆①」	1,650円	冊
常識	Ｊｒ・ウォッチャー12「日常生活」	1,650円	冊	巧緻性	Ｊｒ・ウォッチャー52「運筆②」	1,650円	冊
推理	Ｊｒ・ウォッチャー15「比較」	1,650円	冊	常識	Ｊｒ・ウォッチャー55「理科②」	1,650円	冊
言語	Ｊｒ・ウォッチャー17「言葉の音遊び」	1,650円	冊	推理	Ｊｒ・ウォッチャー58「比較②」	1,650円	冊
言語	Ｊｒ・ウォッチャー18「いろいろな言葉」	1,650円	冊	言語	Ｊｒ・ウォッチャー60「言葉の音（おん）」	1,650円	冊
記憶	Ｊｒ・ウォッチャー19「お話の記憶」	1,650円	冊		お話の記憶問題集 中級編・上級編	2,200円	各　冊
常識	Ｊｒ・ウォッチャー26「文字・数字」	1,650円	冊		新 運動テスト問題集	2,420円	冊
常識	Ｊｒ・ウォッチャー27「理科」	1,650円	冊		家庭で行う面接テスト問題集	2,200円	冊
観察	Ｊｒ・ウォッチャー29「行動観察」	1,650円	冊		保護者のための面接最強マニュアル	2,200円	冊
常識	Ｊｒ・ウォッチャー34「季節」	1,650円	冊		新小学校受験 願書・アンケート・作文 文例集500	2,860円	冊

合計	冊	円

（フリガナ） 氏　名	電　話 ＦＡＸ E-mail
住 所　〒　　　－	以前にご注文されたことはございますか。 有　・　無

★お近くの書店、または記載の電話・FAX・ホームページにてご注文をお受けしております。
電話：03-5261-8951　FAX：03-5261-8953　代金は書籍合計金額＋送料がかかります。
※なお、落丁・乱丁以外の理由による商品の返品・交換には応じかねます。

★ご記入頂いた個人に関する情報は、当社にて厳重に管理致します。なお、ご購入の商品発送の他に、当社発行の書籍案内、書籍に関する調査に使用させて頂く場合がございますので、予めご了承ください。

日本学習図書株式会社
http://www.nichigaku.jp

2020年度以前の過去問題

問題12　分野：お話の記憶

〈準備〉　鉛筆

〈問題〉　お話をよく聞いて、後の質問に答えてください。

今日は土曜日、サツマイモ掘りに行く日です。かずやくんは、朝からおにぎりを作ってくれたお母さんに「行ってきます」と言って、集合場所の公園に向かいました。途中の道端に、コスモスが咲いていました。公園に着くと、先に着いていた、まきさんとあきらくんが「おはよう」と、手を振っていました。かずやくんも「おはよう」と、あいさつをしました。しばらくして「ごめんごめん、遅くなっちゃった」と、えりかさんが慌てて公園に駆け込んできました。これで全員が揃いました。かずやくんたちは、あきらくんのお母さんに連れられて、２人ずつ手をつないで歩きました。しばらく歩くと畑に着きました。畑はあきらくんのおじいさんの家にあります。みんなで、おじいさんに声をかけて、あいさつをしました。おじいさんが切ってくれたツルのまわりを、スコップで、ていねいに掘っていきます。「見つけた」まきさんが、はじめにサツマイモを堀り出しました。紫色のサツマイモです。次に「ぼくも」と、あきらくんがサツマイモを掘りだしました。しばらくして、えりかさんも掘り出し、かずやくんだけがなかなかサツマイモを見つけることができませんでした。がんばって土を掘っていると、太いツルを見つけました。思いっきり引っ張ると、急に力が抜けて、ひっくり返ってしまいました。目を開けると、青い空にトンボが横切るのが見えました。「すごいすごい」とみんなが言っているので、あわてて起き上がると、かずやくんの持っていたツルに、大きなサツマイモがありました。掘ったサツマイモの大きさを比べてみると、いちばん大きいのがかずやくんの掘ったサツマイモ、その次がまきさん、３番目がえりかさん、いちばん小さいのはあきらくんの掘ったサツマイモでした。お昼になったので、みんなで輪になって、お昼ごはんを食べました。まきさんはサンドイッチ、あきらくんはたまご焼きとウインナーの入ったお弁当、えりかさんは、かずやくんと同じでした。お昼ごはんを食べ終わって帰る時に、あきらくんのおじいさんは「しばらくおいておくと美味しくなるよ」と、自分たちのとったサツマイモを包んでリュックに入れてくれました。それから「これもここでとれたんだよ」と、ブドウの入った袋をくれました。かずやくんはおばあさんのことを思い出して、これを明日おみやげに持っていってあげようと思いました。

（問題12の絵を渡す）
①サツマイモ堀りに行った人は何人ですか。人数分だけ○を書いてください。
②かずやくんより後に公園に来た人は何人ですか。人数分だけ○を書いてください。
③公園に向かう途中にあった花はどの花ですか。選んで○をつけてください。
④このお話と同じ季節のものはどれですか。選んで○をつけてください。
⑤えりかさんのお昼ごはんは何でしたか。選んで○をつけてください。
⑥かずやくんが畑で見たのは何でしたか。選んで○をつけてください。
⑦まきさんの掘ったサツマイモは何番目に大きかったでしょうか。その数だけ○を書いてください。
⑧かずやくんがおばあさんに持っていってあげようと思ったものは何ですか。選んで○をつけてください。

〈時間〉　各10秒

〈解答〉　①○：５　②○：１　③右端（コスモス）
④左から２番目（ナシ）、右から２番目（ブドウ）
⑤左から２番目（おにぎり）　⑥左端（トンボ）　⑦○：２　⑧右端（ブドウ）

［2020年度出題］

学習のポイント

当校のお話の記憶の問題は、昨年に引き続き1,000字程度のやや長めのものでした。また設問数も8問と多くなっています。出題形式は、録音したお話をスピーカーから再生して答えるというものです。お話にかかる時間は約4分間。聞き取りやすいスピードですが、再生されるのは1回だけなので、聞き逃さないようにしなければなりません。昨年は海外の女の子が主人公のお話でしたが、外国人名は受験生に馴染みがない、との理由で、今年は日本人名のお話になりました。気を付けるべきポイントは「誰が」「何をした」ということをしっかりとらえることです。複数の登場人物を整理して考えられるようにしましょう。また、直接は言われていない物事を類推することも必要です。本問⑤では、えりかさんのお昼ごはんについて「かずやくんと同じ」とされており、冒頭のかずやくんの「おにぎりを作ってくれた」と結びつけて答えることが求められています。ものの順番については「次に」「それから」といった指示語をしっかり聞き取って、「2番目は、3番目は……」と考えられるようにしてください。本問では⑦のまきさんの掘ったサツマイモの大きさの順が「次に」と言われているので、かずやくんに次いで2番目だと考えます。チェックしていただきたいのは、問1のサツマイモ掘りに行った人数です。イモ掘りをしたのは4人ですが、子どもたちを連れていったあきらくんのお母さんがいます。ここをしっかり聞き取れているか、チェックしてください。

【おすすめ問題集】

1話5分の読み聞かせお話集①・②、お話の記憶 初級編・中級編・上級編、
Ｊｒ・ウォッチャー19「お話の記憶」、34「季節」

問題13　分野：言語（同音探し）

〈準 備〉　鉛筆

〈問 題〉　左の絵の次に言う順番の音と同じ音を持つものの絵を探して○をつけましょう。

①1番上の段の左の絵の4番目の音と同じ音を持つものを選びましょう。
②上から2番目の段の左の絵の最初の音と同じ音を持つものを選びましょう。
③下から2番目の段の左の絵の3番目の音と同じ音を持つものを選びましょう。
④1番下の段の左の絵の3番目の音と同じ音を持つものを選びましょう。

〈時 間〉　各15秒

〈解 答〉　下図参照

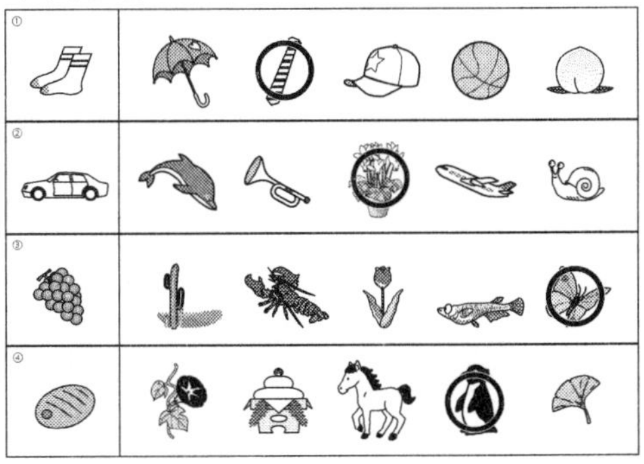

［2020年度出題］

学習のポイント

お手本として示された絵の指示された順番の音と、同じ音を含む絵を選択する問題です（例：「くつした」の４番目の“た”→選択肢から“た”を含む絵を選ぶ）。文字を使って考えられる大人と違い、音だけで言葉を認識する子どもにとっては難しい問題です。このような、言葉の音を問う問題の対策としては、ふだんから、言葉遊びなどを通じて、音の数や順番についての意識づけを行っておく必要があります。また、「サ・ボ・テ・ン」のように音節を切って、手を叩きながら発音すると、お子さまにも言葉の音数が理解しやすいようです。本文の「シクラメン」や「サボテン」「湯たんぽ」に出てくる「ン」（發音）は１音として数えます。当校では、身近にはないものや行事が出題されることもあります。日常的に疑問を持たせたり、「これ、何だか知ってる？」のような問いかけをするよう心がけてください。

【おすすめ問題集】
Ｊｒ・ウォッチャー17「言葉の音遊び」、18「いろいろな言葉」、
60「言葉の音（おん）」

問題14　分野：推理（置き換え）

〈準備〉　鉛筆

〈問題〉　絵の１番上にある、くだものと数字を見てください。リンゴは１、バナナは２、ナシは３、イチゴは４、スイカは５、という数字がその横に書いてあります。上のマスにあるくだものの絵を、その数字に置き換えて、下のマスに書き写してください。

〈時間〉　４分

〈解答〉　下図参照

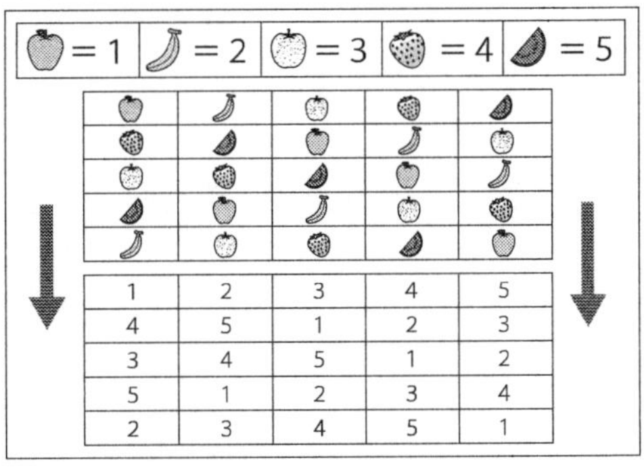

1	2	3	4	5
4	5	1	2	3
3	4	5	1	2
5	1	2	3	4
2	3	4	5	1

［2020年度出題］

学習のポイント

置き換えの問題です。数字が使われていますが、使われ方は○△□といった記号と変わりはないので、特別に意識する必要はありません。「リンゴが１、バナナが２…」と覚えてから表に対応する数字を単純に書いていきましょう。この問題が解けないとすれば、「リンゴを１に置き換える」という考え方が自体がわからないということですから、類題を解いてその考え方を学んでおいてください。特別難しいものではありません。なお、数字や文字を使った問題は2020年度入試から出題されましたが、本問のようにその使われ方は限定的です。本格的に理解する必要はないので、年齢相応に理解しておきましょう。弊社発行の問題集（Ｊｒ・ウォッチャー26「文字・数字」）などを解けば、充分に対応できるはずです。

【おすすめ問題集】

Ｊｒ・ウォッチャー26「文字・数字」、６「系列」、31「推理思考」、57「置き換え」

問題15　分野：推理（比較）

〈準備〉　鉛筆

〈問題〉　容器には水が入っています。それぞれの段の中で、水の量が２番目に少ないものを選んで○をつけてください。

〈時間〉　各30秒

〈解答〉　下図参照

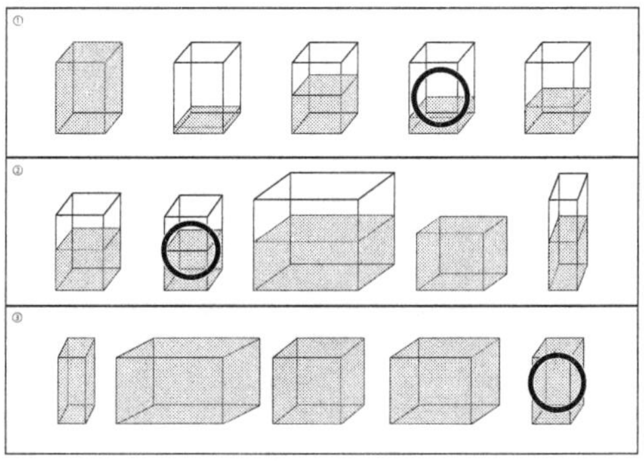

［2020年度出題］

家庭学習のコツ①　「先輩ママのアドバイス」を読みましょう！

本書冒頭の「先輩ママのアドバイス」には、実際に試験を経験された方の貴重なお話が掲載されています。対策学習への取り組み方だけでなく、試験場の雰囲気や会場での過ごし方、お子さまの健康管理、家庭学習の方法など、さまざまなことがらについてのアドバイスもあります。先輩ママの体験談、アドバイスに学び、ステップアップを図りましょう！

学習のポイント

水の量に関する問題です。ここでは、推理・推測の実体験について問われています。本問では、水の量が１番多い容器や１番少ない容器ではなく、「２番目に少ない容器」を答えるため、すべての容器の水の量を把握できていなければなりません。①では、同じ大きさの容器で水位だけが違うので、水位が２番目に低い右から２番目が正解です。②では、水位はあまり変わりませんが、容器の底面積が異なりますので、底面積が２番目に小さい左から２番目を正解とします。③では、容器いっぱいに水が入っています。これも、底面積の大きさをもとに考えれば、解答を導けます。大人であれば、底面積×水位＝容積が水の量、という理屈を知っていますが、子どもの場合は、そのような知識はありません。まずは実体験として、容器の大きさによって入る水の量が違うことを理解させましょう。その後、同じ容器でも水の量によって水位が変わることや、容器の形は違っても注がれている水の量は同じ、といった体験もさせてください。

【おすすめ問題集】

Ｊｒ・ウォッチャー15「比較」、58「比較②」

問題16　分野：図形（点図形・模写）

〈準　備〉　鉛筆

〈問　題〉　上の形と同じになるように下の四角に描き写してください。

〈時　間〉　各１分

〈解　答〉　省略

［2020年度出題］

学習のポイント

模写の問題です。点の数も多いので、複雑な絵だと感じるかもしれません。斜めの直線も多くあり、これを書くにはコツが必要です。しっかり書くためには、線の始点と終点を把握することが必要です。点図形が苦手な子どもの多くは、形にとらわれてしまい、１つひとつの直線や点を把握することに意識が向かわない傾向があります。最初から同じ図形を書こうとするのではなく、点と点を結び、最終的に見本と同じになる、というプロセスを意識させましょう。対応する点については、学習当初はお手本を見ながら１つひとつ探していっても構いません。ある程度学習が進んだら「次の点は、右に３つ進んで、上に２つ進む」というように、線分の両端の関係を把握できるようにします。模写の問題には、図形の認識能力のあるなしと同時に、鉛筆でうまく線を引けるか、という観点もあります。お子さまにとって、今後長い期間において必須の能力ですから、大切に指導してあげてください。

【おすすめ問題集】

Ｊｒ・ウォッチャー１「点・線図形」、２「座標」、51「運筆①」、52「運筆②」

問題17　分野：常識（理科）

〈準 備〉　鉛筆

〈問 題〉　上の図のように、木になるものを下からすべて選んで○をつけてください。

〈時 間〉　30秒

〈解 答〉　下図参照

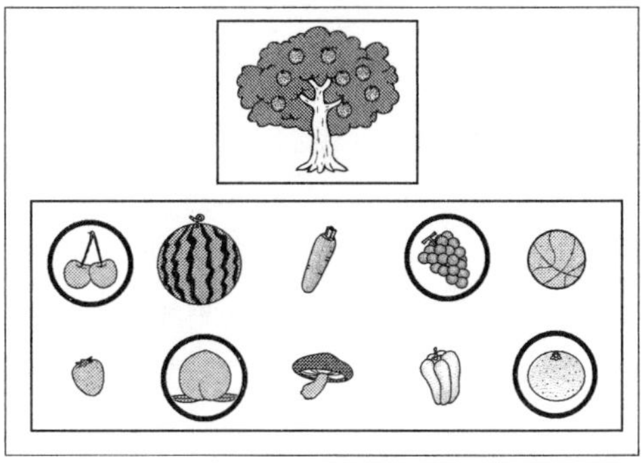

［2020年度出題］

学習のポイント

木になる食べものを答える問題で、知識と生活体験が問われています。食や自然についての学習を重視する当校では、野菜やくだものについて、特に多く出題されるようです。生活常識の問題では、日常生活でお子さまが身近なものに興味や関心を抱いているか、また、保護者の方がその疑問について答えているか、ということも大切になってきます。ふだん目にする野菜やくだものについて、どの時期に、どんな場所でとれるのかなどについて会話することを心がけてください。本問の場合、１つずつの選択肢はそれほど難しいものではありませんが、複数解答であることに注意が必要です。この問題に限ったことではありませんが、左上のサクランボだけを選んでおしまい、というのではなく、選択肢すべてに目を通してから解答する習慣をつけておきましょう。当校では本問だけでなく、複数解答のある問題が多く出題されています。これは、問題に答えるだけでなく、しっかり指示を聞いているかどうかも観られているからです。わかっている問題でも、答え方を間違ってしまえば間違いです。お子さまが早とちりしないよう、保護者の方は、お子さまの答える様子にも注意してください。

【おすすめ問題集】

Ｊｒ・ウォッチャー11「いろいろな仲間」、27「理科」、55「理科②」

家庭学習のコツ②　**「家庭学習ガイド」はママの味方！**

問題演習を始める前に、試験の概要をまとめた「家庭学習ガイド（本書カラーページに掲載）」を読みましょう。「家庭学習ガイド」には、応募者数や試験課目の詳細のほか、学習を進める上で重要な情報が掲載されています。それらの情報で入試の傾向をつかみ、学習の方針を立ててから、対策学習を始めてください。

問題18　分野：行動観察（運動）

〈準　備〉　なし

〈問　題〉　**この問題の絵はありません。**
・準備運動：先生のした通りに体を動かしてください。
・バランス：片足立ちをしてください（１分間）。
・クマ歩き：両手両足を動かして、ゆっくりクマ歩きをしてください。

〈解　答〉　省略

［2020年度出題］

学習のポイント

この問題では、指示通りの行動が行えているかどうかが重視されます。各回20～25名の受験生で行われ、指示者が１名、観察者３名の体制で実施されます。準備運動では、指示者の言った通りの動作ができているかどうかが観られます。年齢相応の身体能力があれば減点されることはありません。逆に余計な動作をしたり、隣の受験生の動きが違うことを指摘したり、もっとできることをアピールしたり、といった行動は、大きな減点になります。そんなことは指示していないからです。クマ歩きでは、両手両足を使って、ゆっくり歩くよう指示されましたが、速く歩いてしまう子どもも多かったそうです。これも指示を守っていないということで、よい評価は得られないということになるでしょう。なお、バランスをとる運動では、身体の使い方、例えば片足で１分間立つことは、体幹のバランスを観るためのものです。運動能力を測るためのものではありません。

【おすすめ問題集】
Ｊｒ・ウォッチャー28「運動」、29「行動観察」、「新　運動テスト問題集」

問題19　分野：行動観察（集団行動）

〈準　備〉　新聞紙、ボール、フラフープ

〈問　題〉　**この問題の絵はありません。**
・グループ作り
　近くのお友だちと２人のグループを作ってください。
　６人のグループを作ってください。
　10人のグループを作ってください。
　５人のグループを作ってください。

・（新聞紙とボールを配る）
　新聞紙を広げて、ボールを三角コーンのところまで運ぶ競争をしてください。
　スタートの時は合図をしますから、それまでグループで相談してください。

・自由遊び
　グループごとに、遊び道具を１つずつ配りますから、自由に遊んでください。

〈解　答〉　省略

［2020年度出題］

学習のポイント

グループ作りでは、集団行動ができるかということが、観点になっています。本問では、６人から10人へとグループを組みなおす時、それまでのグループから離れなければならないというシチュエーションも生まれます。そこで戸惑ったりすると、集団行動が苦手という印象を与えるかもしれません。新聞紙でボールを運ぶ競争では、お手本をよく見て集中すること、みんなで相談して尊重すること、役割分担を決めて協力すること、決められたルールで互いに配慮すること、競争するために努力すること、の５つを観点としています。５人だと、４人が新聞紙の四隅を持つと１人が余ります。この１人の役割について考えることが重要です。自由遊びでは、グループの友だち５人で遊ぶことができるか、遊ぶ内容を相談して決めることができるか、道具を譲り合ったり交換したりすることができるか、５人で動くことを意識して遊ぶことができるか、という４つの観点が評価対象です。ここでも、利己的な態度をとらないことが重要です。

【おすすめ問題集】

Ｊｒ・ウォッチャー28「運動」、29「行動観察」

問題20　分野：面接

〈準備〉　絵本

〈問題〉　この問題の絵はありません。

【親子課題】

絵本『ごはん』（平野恵理子著・福音館書店）を渡され「どのようにされても構いませんので、お子さんといっしょに楽しんでください」と指示される。面接官は、親子で会話をしている様子を観察した後、志願者に質問をする。

【保護者へ】

・志望動機をお聞かせください(聞かれない保護者もあり)。
・家庭の教育観についてお聞かせください。
・子どもと接する時に大切にしていることは何ですか。
・お子さんは家族の方と何をして遊びますか（志願者にも同じ質問をする）。
・新設校であり、上級生がいないことへの不安はありませんか。
・テーマ作文の内容から質問。

【志願者へ】

・名前と年齢、通っている園の名前を教えてください。
・仲のよいお友だちの名前を教えてください。
・家の人とどんなことをして遊びますか。
・どんな遊びが好きですか（答えた内容に対して「その遊びのどんなところが楽しいですか」）。
・どんな本が好きですか（答えた内容に対して「その本のどんなところが好きですか」）。
・お父さんやお母さんにどんなときに褒められますか（答えた内容に対して「褒められると、どんな気持ちになりますか」）。
・将来は何になりたいですか（答えた内容に対して「どうしてそれになりたいのですか」）。
・保護者のテーマ作文の内容から質問。

〈時間〉　10分程度

〈解答〉　省略

［2020年度出題］

学習のポイント

『ごはん』は、ストーリー仕立ての絵本ではなく、ページをめくるごとに、さまざまな「ご飯もの」の料理が、ずらっと並んでいる絵本です。「食」を大切にする当校らしいテーマ設定だと言えるでしょう。それらの料理の絵をみながら、家族でお話を広げていく様子を面接官が観察します。保護者と子どもがいっしょに面接する際、保護者の方が答えた後、受験者にも同じ質問をすることがよくあります。ここでは、両者の答えに相違がないかということと同時に、子どもが保護者の顔色を見て答える様子がないかどうかも観られています。受験者への質問では、回答した内容について、さらに掘り下げる質問（それはなぜですかなど）をすることがあります。これは、はじめの回答そのものではなく、その理由や根拠を聞くことで、家庭での実体験を知ろうとしているのだと考えられます。日常生活でも、お子さまに「なぜ」「どうして」を問いかけ、自分の言葉で説明できるよう促してください。

【おすすめ問題集】
新・小学校受験の入試面接Q＆A

問題21　分野：保護者作文

〈準備〉　なし

〈問題〉　この問題の絵はありません。
テーマ「親として子どもに伝えたいこと」（1,000字～1,100字）
・東京農業大学稲花小学校が求める子ども及び保護者像を理解の上、具体例を挙げながらご家庭の考えをお書きください。
・各家庭の毎日の生活において、保護者として子どもに何を伝えようとしているのか、具体例を示しながら記述してください。

〈解答〉　省略

［2020年度出題］

学習のポイント

Webでの出願とは別に、事前に郵送する作文です。この場合、学校側から求められていることを、すべて満たすことが重要です。まず、家庭の教育観について書くことが求められています。ここでは当校の求める子ども像と保護者像とを熟読して、必ず具体例を挙げなければなりません。例えば、当校が体験を通じた探究を重視していることをふまえ、家庭でどんな体験をして、どんなことを教えているかを書く、などです。また入学後に当校に求めることについても、志望動機として書いておくとよいでしょう。次に求められている、保護者として伝えようとしていることについても、具体例が必要です。「○○を通して△△を伝えたい」ということや、「□□の時には◇◇できるように育ってほしい」ということを、しっかり書くようにしてください。文字数に著しく満たなかった場合、志望の意欲が低いとみなされる場合もあります。なお、自筆で書いたから加点される、ということはなく、パソコンのワープロソフトの出力原稿でも構いません。

【おすすめ問題集】
新小学校受験　願書・アンケート・作文　文例集500

問題22　分野：お話の記憶

〈準備〉　鉛筆

〈問題〉　お話をよく聞いて、後の質問に答えてください。

今日は日曜日。家族みんなでデパートに出かける日です。はやとくんはデパートへ出かけるのが楽しみで、朝はいつもより早く起きてしまいました。「お父さんはまだ起きないのかなあ」と、はやとくんがお母さんと話しているところへ、弟のけんとくんと、お父さんが起きてきました。お父さんは「おはよう、今日は早起きだね」と言いながら、お出かけの準備を始めました。
準備ができたので、お父さんが運転する車でデパートに行きました。デパートに着くと、はじめに3階へ行ってお父さんのシャツを探しました。お父さんは縦縞のかっこいいシャツが気に入ったので、それを買いました。次にお母さんの好きなケーキを買うために、1階へ向かいました。途中の2階にあるおもちゃ売り場が見えた時、けんとくんが「おもちゃが見たいよ」と言いましたが、はやとくんが「お母さんのケーキが先だよ」と注意をして、みんなで1階へ向かいました。お母さんがおいしそうなケーキを選んでいると、はやとくんはけんとくんがいないことに気が付きました。お父さんとお母さんとはやとくんは、慌ててけんとくんを探しにいきました。はやとくんが「きっとおもちゃ売り場にいるよ」と言って、みんなで2階へ探しに行くと、けんとくんが、おもちゃの電車を眺めているのを見つけました。「あーよかった。お母さん、ケーキに夢中だったの。ごめんなさいね」と、安心したお母さんが言いました。お父さんが「それじゃあ、ケーキの前に、おもちゃを買おう」と言ったので、けんとくんとはやとくんは、1つずつおもちゃを選ぶことにしました。けんとくんは、さっき見ていた電車が気に入ったので、それを買ってもらいました。はやとくんはロボットが欲しかったのですが、ロボットの横にいた怪獣がかっこよかったので、それを選びました。「1階に戻って、お母さんのケーキを選んでから、おじいちゃんとおばあちゃんが待っている、4階のレストランへ行こう」と言いました。ケーキを買ってから4階のレストランへ行くと、おじいちゃんとおばあちゃんがみんなを待っていました。お父さんとお母さんはラーメンを頼みました。おじいちゃんとおばあちゃんはおそばです。けんとくんはハンバーグを選びました。どれもおいしそうなので、はやとくんはいろいろ迷いましたが、カレーライスに決めました。お昼ごはんを食べた後、おじいちゃんにプレゼントする本を選んでから、お家に帰りました。

（問題22の絵を渡す）
①お父さんが買ったシャツはどれですか。選んで○をつけてください。
②お母さんが買ったものはどれですか。選んで○をつけてください。
③けんとくんが迷子になった時、何を売っているお店にいましたか。選んで○をつけてください。
④レストランではやとくんたちを待っていたのは誰ですか。選んで○をつけてください。
⑤はやとくんがレストランで食べたものはどれですか。○をつけてください。
⑥2階ではやとくんが買ってもらったものはどれですか。○をつけてください。
⑦2階でけんとくんが買ってもらったものはどれですか。○をつけてください。
⑧おじいちゃんにプレゼントしたものはどれですか。選んで○をつけてください。

〈時間〉　各10秒

〈解答〉　①右　②左　③真ん中　④左　⑤右　⑥真ん中　⑦左　⑧右

［2019年度出題］

学習のポイント

本校のお話の記憶の問題は、約1,000字と少し長めのお話で、７～８問程度の質問があります。内容では、お話に関するものと、細かな表現についての質問が同じくらいあるという形です。長めのお話を最後まで集中して聞く力と、細かい部分を正確に聞き取る力が求められているという意味では難しい問題と言えるでしょう。長めのお話は、お話を３つ程度の場面に分けて、それぞれの情景を頭に思い浮かべられるように練習をします。はじめは、１つの場面が終わるごとにお話を止めて、その場面に登場した人物と出来事を聞き取ります。慣れてきたら、お話を最後まで聞き取ってから、すべての場面に対して聞き取るようにするとよいでしょう。一方、細かい部分の聞き取りは、登場人物とその属性をセットで覚えます。本問を例にすると、買ったものについて、「お父さんはシャツ」「お母さんはケーキ」といった形です。難しいようなら、お子さまが自然に聞き取れるように、質問の仕方を工夫してみましょう。

【おすすめ問題集】

１話５分の読み聞かせお話集①・②、お話の記憶 初級編・中級編・上級編、
Ｊｒ・ウォッチャー19「お話の記憶」

問題23　分野：数量（一対多の対応）

〈準備〉　鉛筆

〈問題〉　ビーズがいくつかあります。これらのビーズを、右上の絵のように３つずつまとめてひもでつなぎます。
①お手本と同じ形を、いくつ作ることができますか。その数だけ○を書いてください。ただし、ひもはたくさんありますので、足りなくなりません。
②その時ビーズをいくつ使いましたか。その数だけ○を書いてください。

〈時間〉　各15秒

〈解答〉　①○：３　②○：９

［2019年度出題］

学習のポイント

当校の数量分野の問題では、10～15程度の数を正確に数え、加減や分配などができる程度の力が求められています。あわせて、それらの数を指示通りに置き換えられる思考力も必要です。本問①では、いくつかのビーズを３個ごとにまとめて数えます。正確に数えるためには、左から順番に「１・２・３」と念押しするように数えていくとよいでしょう。また、３個ごとに印をつけながら数える方法も、必要ならば使わせてください。②では、①でまとめた時のビーズの数を答えます。ビーズをもう１度数え直してもよいのですが、余ったビーズまで数えてしまうかもしれません。ビーズ３個が３セットあるという前問の結果を利用して答える方法に気が付くと、比較的簡単に答えられるでしょう。今のうちから計算をできるようになる必要はありませんが、正確に効率よく数えられるよう、簡単な計算や工夫は練習しておいてもよいでしょう。

【おすすめ問題集】

Ｊｒ・ウォッチャー14「数える」、42「一対多の対応」

問題24　分野：図形（回転図形）

〈準 備〉　鉛筆

〈問 題〉　はじめに練習をします。１番上の段を見てください。左側に描かれた形を、１回矢印の方向に回します。その時の形は右端のようになりますので、○をつけてください。それでは問題を進めます。
①上から２番目の段を見てください。左側に描かれた形を２回矢印の方向に回します。その時の形を選んで○をつけてください。
②上から３番目の段を見てください。左側に描かれた形を２回矢印の方向に回します。その時の形を選んで○をつけてください。
③上から４番目の段を見てください。左側に描かれた形を１回矢印の方向に回します。その時の形を選んで○をつけてください。
④１番下の段を見てください。左側に描かれた形を１回矢印の方向に回します。その時の形を選んで○をつけてください。

〈時 間〉　各15秒

〈解 答〉　①右から２番目　②右端　③右端　④左から２番目

［2019年度出題］

学習のポイント

当校の図形分野では、図形の特徴をつかんで操作後の形をイメージする、図形の把握力を観点とする問題が出題されています。本問は、図形を指示通りに回転させた後の形を探す回転図形の問題です。絵の矢印では回転の方向だけを表し、動かした回数は口頭で伝える、という指示方法で、聞き取る力も観ている少し難易度の高い問題です。一方、問題のはじめに説明と練習問題が用意されているため、思い込みによる失敗は少なく、正答率は高かったのではないかと考えられます。回転図形の問題では、指示をしっかりと聞いて、図形の特徴的な部分が回転後にどこへ移動するのかを考えてから選択肢を見比べます。①の場合、右下の「△」に注目して、この形が２回右へ回した時、左上に移動することと、三角形の向きが逆になることを考えて選択肢の中から答えを選びます。このように、図形の中に三角形などの向きが変わる形が含まれている時は、その形に注目して、回転後の位置と向きを確認していくとよいでしょう。

【おすすめ問題集】
Ｊｒ・ウォッチャー５「回転・展開」、46「回転図形」

問題25　分野：図形（鏡図形）

〈準 備〉　鉛筆

〈問 題〉　それぞれの段の１番左の絵を見てください。この絵が水面に映った時、どのように見えるでしょうか。正しいものを右から選んで○をつけてください。

〈時 間〉　各15秒

〈解 答〉　①右から２番目　②左端　③右端　④左端

［2019年度出題］

学習のポイント

鏡図形の一種「水面に写った絵」の問題です。水面に写った絵は、左右は反転せずに、上下だけが反転します。問題の解き方は、図形の特徴的な部分に注目し、その部分の反転後の位置が正しいものを見つけ、その形を細部まで確認していきます。①の場合、傘の柄に注目するとわかりやすいでしょう。特徴的な部分を見つけられるようになるにはある程度の練習が必要ですが、まずは左右非対称な部分に注目するようにしてください。問題を解き終えた後に、どこに注目して問題を解いたのか聞き取るようにすると、意識づけもできて効率的です。

【おすすめ問題集】

Ｊｒ・ウォッチャー48「鏡図形」

問題26　分野：言語（しりとり）

〈準　備〉　鉛筆

〈問　題〉　左から右にしりとりをしながら進みます。それぞれの列の絵の中から正しいものを選んで○をつけてください。

〈時　間〉　各30秒

〈解　答〉　下図参照

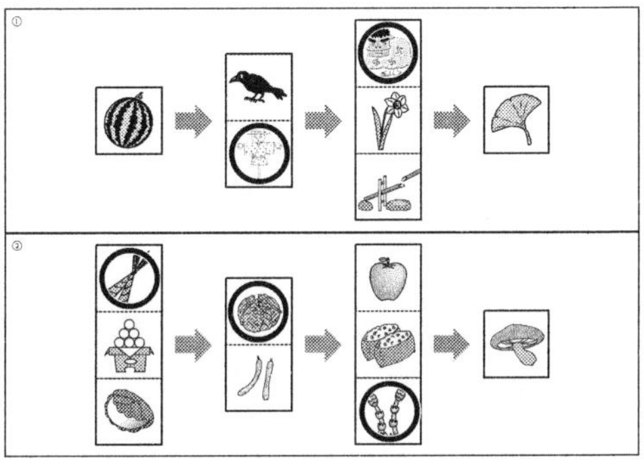

［2019年度出題］

学習のポイント

言語分野の問題では、年齢相応の語彙力と、言葉を音の集合として理解できているかが問われています。しりとりの問題では、日常でのしりとり遊びのように単に言葉を続ければよいのではなく、その先の言葉とつなげられる言葉を探さなくてはいけません。そのため、選択肢の中には、「カラス」と「カカシ」のように、同じ音で始まる言葉が並んでいます。当校のしりとりの問題では、こういった点に注意して言葉を選ぶとともに、豊富な語彙力も求められています。「ししおどし」や「ちまき」など、現代の生活では目に触れることの少ないものがあったときは、消去法で解答を見つけ出していきます。わからないものがあったときに対応できるように、複数の解き方を身に付けておきましょう。

【おすすめ問題集】

Ｊｒ・ウォッチャー18「いろいろな言葉」、49「しりとり」、60「言葉の音（おん）」

問題27　分野：言語（言葉の音）

〈準 備〉　鉛筆

〈問 題〉　それぞれの段の１番左の絵を見てください。この絵の名前と音の数が同じものを選んで○をつけてください。

〈時 間〉　各15秒

〈解 答〉　①右から２番目　②左から２番目　③右端　④左端

［2019年度出題］

学習のポイント

本問は、言葉を音でとらえ、その音数をもとに答えを見つけます。前問と同様に、言葉を音の集合として理解できているかどうかが観点となっています。例えば、「ニンジン」を、「ニ・ン・ジ・ン」と４音でできている言葉だと判断することができれば、比較的簡単に解ける問題です。気を付けたいのは、例えば④の「アスパラガス」を「アスパラ」と略称で覚えてしまうことです。ふだんから一般的な名称を使うようにして、略称は使わないように気をつけてください。

【おすすめ問題集】

Ｊｒ・ウォッチャー17「言葉の音遊び」、60「言葉の音（おん）」

問題28　分野：常識（理科）

〈準 備〉　鉛筆

〈問 題〉　左上の絵のような場所でよく見られる生きものを選んで○をつけてください。

〈時 間〉　１分

〈解 答〉　下図参照

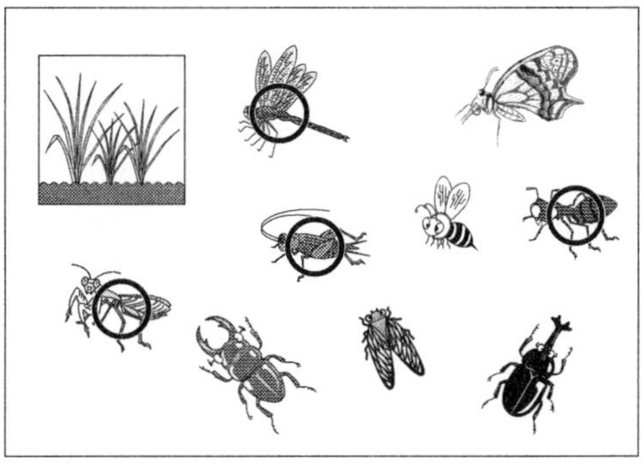

［2019年度出題］

学習のポイント

生きものの特徴や生態について、幅広い知識を持っているかどうかが問われています。本問で扱われている虫がよく見られる場所は、草の生えているところ（トンボ・バッタ・カマキリ）、花の咲いているところ（チョウ・ハチ）、樹木のあるところ（カブトムシ・クワガタ・セミ）、土や地面（アリ）のように、大まかに分けられます。トンボはおもに空を飛んでいますが、草やイネなどの先に止まっていることも多く、アリはエサを求めてさまざまな場所を歩いています。生きものに関する知識を広げるには、問題集などで出てきたものを数多く覚え、図鑑や映像などで生態などの知識を学び、日常の体験からそれらを記憶する、というように、さまざまな学習方法を組み合わせることが効果的です。

【おすすめ問題集】

Ｊｒ・ウォッチャー27「理科」、55「理科②」

問題29　分野：常識（季節）

〈準 備〉　鉛筆

〈問 題〉　絵の中から、お正月に関係があるものを選んで○をつけてください。

〈時 間〉　１分

〈解 答〉　下図参照

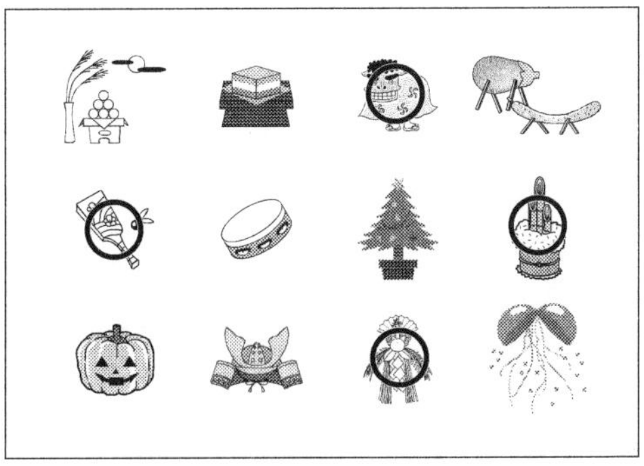

［2019年度出題］

学習のポイント

当校の常識問題では、小学校受験で一般的に扱われている知識よりも少し広く、一歩踏み込んだものが多く出題されます。本問の場合、お正月を冬の行事として分類できるかどうかだけでなく、お正月に見られるものをどれだけ知っているか、ということまで問われています。その点で、前問と同様、さまざまな学習の場で身に付けた知識を、上手く組み合わせられるようにする必要があります。方法としては、「口に出してみる」のが１番です。「春の行事」「夏と言ったら」など、特定のテーマで質問をして、スムーズに口に出せるように練習をしましょう。そのときに「もう少し詳しく」とか「あと１つ言おう」などの質問を加えることで、当校が求めるレベルの知識も口に出せるようになるでしょう。

【おすすめ問題集】

Ｊｒ・ウォッチャー11「いろいろな仲間」、34「季節」

問題30　分野：推理（系列）

〈準　備〉　鉛筆

〈問　題〉　あるお約束にしたがって、記号が並べられています。それぞれの空欄にあてはまる記号を書いてください。

〈時　間〉　２分

〈解　答〉　下図参照

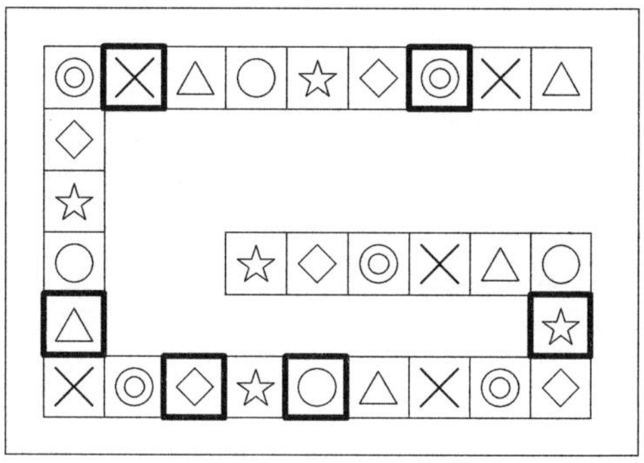

［2019年度出題］

学習のポイント

並べられた形の規則性を見つける系列の問題では、絵をよく見る観察力と、その特徴をつかんでお約束を見つける思考力とが観られています。本問は、６個の記号でお約束が作られている点が難しいところです。一方、記号が数多く並べられているためにヒントは見つけやすくなっています。上手に目を配ることができれば、比較的簡単に答えられます。系列のお約束を見つける時は、特定の形に注目し、その形が１回目・２回目に出ているところと比べます。例えば本問の場合、「△」に注目し、１回目と２回目に出ているところを見つけて、それぞれの「△」から１マスずつ先を見ていくと、「△・×・？・◇・☆・○」と「△・？・◎・◇・☆・○」という形が見つかります。すると、後ろの「◇・☆・○」の部分が同じことから、「△・×・◎・◇・☆・○」がお約束だということがわかります。お約束がわかったら、１つひとつ確認しながら空欄に記号を書きます。本問のように記号を繰り返すお約束については、確実に見つけられるように練習を繰り返すことが大切です。

【おすすめ問題集】

Ｊｒ・ウォッチャー６「系列」、31「推理思考」

家庭学習のコツ③　効果的な学習方法～問題集を通読する

過去問題集を始めるにあたり、いきなり問題に取り組んではいませんか？　それでは本書を有効活用しているとは言えません。まず、保護者の方が、すべてを一通り読み、当校の傾向、ポイント、問題のアドバイスを頭に入れてください。そうすることにより、保護者の方の指導力がアップします。また、日常生活のさまざまなことから、保護者の方自身が「作問」することができるようになっていきます。

問題31　分野：巧緻性（迷路）

〈準　備〉　鉛筆

〈問　題〉　迷路の問題です。左上の矢印からスタートして、右下の矢印まで迷路を進みます。壁にぶつからないように、ゴールまでの道に線を引いてください。

〈時　間〉　３分

〈解　答〉　下図参照

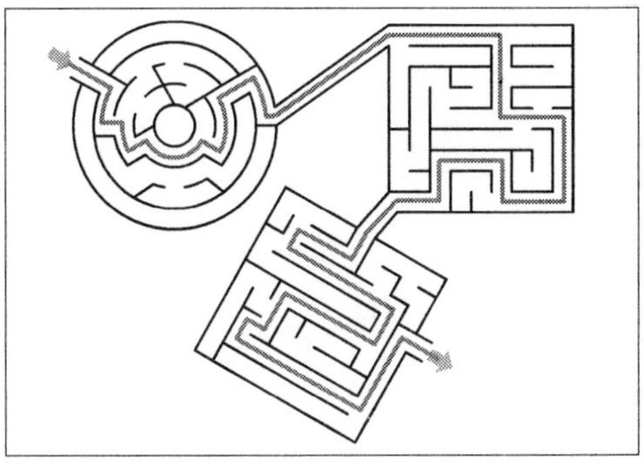

［2019年度出題］

学習のポイント

当校の巧緻性の問題では、迷路を使い、手先の器用さに加えて、観察する力や計画的に作業を進める力が観られています。複雑な迷路が３つ続き、道も細くて長いため、壁にぶつからずに進めることがとても難しくなっています。また、迷路の中盤までは、左から右へと迷路が進むため、右利きのお子さまにとっては、自分の手が道の先を遮ってしまい、考えながら進めることも難しくなっています。このような問題では、「見る・考える・描く」という３つの作業を分けて行うことが大切です。具体的には、左上の丸い迷路をよく見て、その部分の道筋を考えてから、右上の四角い迷路の手前まで、壁にぶつからないように集中して線を引きます。この工程を３つのブロックに分け、それぞれのエリアで繰り返し、ゴールまで進むとよいでしょう。この年齢のお子さまは「早く答えること」を「よくできている」と思い込みがちです。急ぐあまりに失敗をしないためにも、１つひとつ確実に進めたことをしっかりと認めてあげてください。

【おすすめ問題集】

Ｊｒ・ウォッチャー７「迷路」、51「運筆①」、52「運筆②」

家庭学習のコツ④　効果的な学習方法～お子さまの今の実力を知る

１年分の問題を解き終えた後、「家庭学習ガイド」に掲載されているレーダーチャートを参考に、目標への到達度をはかってみましょう。また、あわせてお子さまの得意・不得意の見きわめも行ってください。苦手な分野の対策にあたっては、お子さまに無理をさせず、理解度に合わせて学習するとよいでしょう。

問題32　分野：行動観察

〈準 備〉　洗面器、パターンブロック（フェルトの裏にマグネットシートを張ったもの／30個程度）、ホワイトボード（磁石がつくボードで代用可）、
ビニールシート（１枚）
※パターンブロックを洗面器の中に入れて床に置く。ビニールシートの上にホワイトボードを置く。

〈問 題〉　この問題の絵はありません。

＜パズル制作＞
今からみんなでパズルを作ります。
・みんなで何を作るか相談をして決めましょう。
・決まったら洗面器の中にあるパズルを取りに行ってください。
・パズルはシートの上にあるホワイトボードに貼って、形を作ってください。
・パズルが足りなくなったら洗面器のところへ取りに行ってもかまいません。
・出来上がったら、余ったパズルを洗面器に戻して、私（テスター）に声をかけてください（そのまま集団行動へ）。

＜集団行動＞
シートの周りに輪になって座ってください。
・はじめに順番にお名前を言ってください。
・今度は逆の順番で好きなものを言ってください。また、その理由も教えてください。
・次に、みんなでチョウチョになってシートの周りを飛びましょう。

＜自由遊び＞
机の上にさまざまなおもちゃがあります。
・みんなで仲良く遊びましょう。

〈時 間〉　30分程度

〈解 答〉　省略

［2019年度出題］

学習のポイント

行動観察では、指示を聞いてその通りに行動できるか、周りのお友だちと協力することができるかなど、多面的にお子さまを観ています。パズル制作で言えば、「相談に参加する」「相手の意見を尊重する」「協力して役割を果たす」「時間いっぱい集中する」「完成のために努力する」といったところでしょう。集団行動では、お友だちや試験官に「わかるようにしっかりと伝える」こと、自由遊びでは、充分におもちゃが用意されている中で譲り合ったり、各々が１人遊びせずにお友だちを誘い、誘われるなど臨機応変な対応ができるかといったところです。当校の試験がさまざまな切り口、方法で長時間行われるのは、「楽しく活動している中での“素（す）”の状態」を知るためです。幼児教室などで教えられた通りに振る舞う姿ではなく、自然な行動を見たいのです。これを踏まえて、お子さまの周囲のお友だちとの関わり方を見てみましょう。よければ褒める、よくなければアドバイスするのが理想的です。なお、集団行動の際にチョウの動きではなく、忍者の動きをしたグループもあったようです。

【おすすめ問題集】
Ｊｒ・ウォッチャー29「行動観察」

問題33　分野：運動

〈準備〉　平均台（１台）、マット（２枚）、コーン（４つ）

〈問題〉　**この問題の絵はありません。**

①指示通りに、コーンを周って走って戻ってきます。
・スタートのコーンの左側（右側）からスタートしてください。
・向こうにあるコーンを左から（右から）回ってください。
・コーンの左側（右側）にゴールしてください。
②ケンケンパーで跳び箱のところまで進みます。
・はじめのケンケンは右足で、次のケンケンは左足で、最後のケンケンは両足で交互に跳んでください。
③２番目の跳び箱のところまで、平均台の上を渡ってください。
・途中で落ちたら２番目の跳び箱のところまで歩いてください。
④マットの上で前転を２回してください。
・失敗したらもう１度やり直してもよいです。

〈時間〉　30分程度

〈解答〉　省略

［2019年度出題］

学習のポイント

運動テストでは、走る・ケンケンパー・平均台・マットで前転と、基本的な運動が数種類行われました。動作の上手下手や、速さは評価の対象とはなっていません。本試験で観られているのは、指示通りに行動できているかどうかという点です。例えば、走るテストでは、スタートの位置、コーンのどちらから回るか、ゴールの位置の３点が指示されています。こういった細かい点を正確に実行することは、日々の生活の中で身に付けていくのが１番ですが、もし不慣れで上手くできないようならば、例えば指示に合わせて前後左右にジャンプするなど、指示通りの動きを繰り返すような遊びを通じて身に付けていくとよいでしょう。１つの動作を、少しずつ指示を変えて繰り返すことで、指示をしっかり聞き取ってから行動する注意力を伸ばしましょう。

【おすすめ問題集】
新運動テスト問題集、Ｊｒ・ウォッチャー28「運動」

問題34　分野：面接

〈準備〉　絵本

〈問題〉　この問題の絵はありません。

【保護者へ】
・志望理由をお聞かせください。
・ご家庭での教育方針をお聞かせください。
・ご家庭で躾で気を付けていることを教えてください。
・どのような時にお子さまを叱りますか。また、どのようなことに気を付けて叱りますか。
・お子さまが学校に行きたくないと言った時はどうしますか。
・新規開校の学校なので相談できる先輩保護者がいませんが、それについてどう思いますか。

【志願者へ】
・お名前と年齢、通っている幼稚園（保育園）を教えてください。
・仲の良いお友だちを教えてください。そのお友だちと何をして遊びますか。
・幼稚園（保育園）に行きたくないと思う時はありますか。
・どんなことをした時にお母さんに褒められますか。また、その時お母さんはどんな気持ちだと思いますか。

【親子課題】
絵本『雑草のくらし』（福音館書店・甲斐信枝著）を読んでから、親子で３分間の会話をする。

〈時間〉　10分程度

〈解答〉　省略

［2019年度出題］

学習のポイント

ペーパーテストの試験日よりも前に行われた親子面接です。面接担当者は１名で、面接時間は約10分間でした。上記のような質問を通して、保護者の考え方やお子さまの様子を観ています。日頃から保護者同士が共通の教育方針を持っていて、それに沿って子育てをしているかどうかが問われていますので、事前に教育方針に関する考え方を整理しておきましょう。また、親子課題を通じて、親子の会話の様子や関係も観ています。本の題材にこだわる必要はありませんが、親子でいっしょに本の内容について話をすることは、コミュニケーションの機会としてはもちろんですが、お子さまの興味を見逃さずに引き出すという点でも大切です。なお、親子課題の絵本『雑草のくらし』は、日を追って成長していく草の力強さや、年が変わり新しい草との競争に敗れ、消えていく草の姿などを描いた内容です。いかにも当校らしい話ですが、農業・植物などに関する話題にこだわった対策だけでなく、さまざまな分野の絵本に目を向けるようにしてください。

【おすすめ問題集】
家庭で行う面接テスト問題集、小学校面接Ｑ＆Ａ

問題35　分野：保護者作文

〈準 備〉　筆記用具、パソコンなど

〈問 題〉　テーマ：「子どもを育てる上での小学校の役割と家庭の役割」
「農大稲花小が求める子ども及び保護者像」を理解の上、具体例を挙げながら、ご家庭の考えをお書きください。

文字数：1,000～1,100字
用　紙：本校のホームページから記入用紙ダウンロードする。
形　式：Ａ４、パソコン入力の場合はWordファイル、手書きの場合はPDFファイルで提出する。

〈時 間〉　適宜

〈解 答〉　省略

［2019年度出題］

学習のポイント

当校では、出願時に作文が課されています。テーマは事前にホームページで公開されており、出願前からある程度時間をかけることができます。
1,000字程度の作文を作成する場合の、一般的な方法をご紹介します。はじめに、作文を書くための材料を用意します。それぞれ１～２行（40～60字）程度でシンプルに。

- ・課題に対してのまとめ（「農大稲花小が求める子ども及び保護者像」の理解）。
- ・課題に対しての自分の意見（小学校の役割、家庭の役割、両者の関係について）。
- ・それぞれの意見についての理由。
- ・それぞれの意見にまつわる体験、エピソード、その時に感じたこと。
- ・体験、エピソード、感想を踏まえて、今までどのようなことをしてきたか。
- ・体験、エピソード、感想を踏まえて、今後どのようにしていくか。
- ・自分とは異なる考えや反論を想定する（必要な場合）。

これらの材料が準備できたら、それぞれをもう少し詳しく（100字程度）膨らませます。
次に、用意した材料を型通りに並べて、仮の文章を作ります。仮の文章ができたら、全体を通して読み、内容、展開、表現などを修正・推敲していきます。何枚もの作文に目を通さなければいけない先生方のことを考え、ポイントが明確で、すっきりとわかりやすい文章を心がけてください。なお、説明会では、面接で作文の内容から質問はしないということが伝えられました。

対策問題

問題36　分野：お話の記憶

〈準 備〉　鉛筆

〈問 題〉　お話をよく聞いて、後の質問に答えてください。

ある日の朝、リスくんは、ネズミくんとウサギさんといっしょに、森へ木の実をとりに出かけました。「ネズミくん、ウサギさんおはよう」リスくんは元気よくあいさつしました。「おはよう、今日はおいしい木の実がとれるといいね」ネズミくんは笑顔で言いました。「私は大きい木の実をとりたいな」ウサギさんもはりきっています。森の奥には、たくさんの木の実がなっていました。リスくんは「僕が木に登って、木の実を落とすね。ネズミくんとウサギさんは下で拾ってよ」といって木に登り、木の実を落としていきました。次に木の実を拾って運びます。リスくんは木の実を２個、ウサギさんは３個持ちました。でも、ネズミくんが困った顔をしています。「どうしたの」リスくんがたずねると、「木の実が重くて持ち上げられないんだ」とネズミくんが言いました。「それじゃあ木の実を、転がして運ぼうよ」とウサギさんが言いました。「うんしょ、よいしょ、重たいね」そう話しながらネズミくんが木の実を転がしていると、ゾウくんがやってきました。「みんな、そんなものも持てないのかい。僕が運ぶのを見ていてよ」とゾウくんは言いながら、鼻で木の実を７個拾ってしまいました。「僕が運ぶ木の実だから、僕のものだよね」ゾウくんはそう言って、７個の木の実を持って帰ってしまいました。お腹いっぱい木の実を食べたゾウくんは、眠ってしまいました。目を覚ますと、ゾウくんは昼間の森にいました。でも、あたりの木がいつもより高くなったようです。「なんか変だなあ、お腹も空いたなあ」そう言いながら、どんどん森の中を進んでいくと、大きな木の実が落ちていました。「僕の顔と同じくらいの大きさだ。そうか、僕が小さくなっちゃったのか」と言って木の実を拾おうとしましたが、重たくて持ち上げられません。ゾウくんは鼻で木の実を少しずつ押しながら、一生懸命運びました。「ふう、重くて大変だな。ネズミくんは、きっと毎日こうやって木の実を運んでいるんだな」そう言って、ゾウくんは木の実を運びながら帰りました。しばらくして、ゾウくんがあたりを見ると、目の前に小さな木の実がありました。「よかった。元の大きさに戻れたんだ。さっきは大変だったなあ。みんなに意地悪をしちゃった。謝らなきゃ」そう言って、ゾウくんはネズミくんたちのいる森へ出かけました。「ごめんなさい」ゾウくんが謝ったので、ネズミくんはゾウくんを許してあげました。そして、みんなで仲良く遊びました。

（問題36の絵を渡す）
①リスくんが運んだ木の実は何個でしたか。その数だけ○を書いてください。
②ウサギさん運んだ木の実は何個でしたか。その数だけ○を書いてください。
③木の実が重くて持てなかった動物に○をつけてください。
④目を覚ましたゾウくんはどうなっていましたか。○をつけてください。
⑤絵をお話の順番に並べます。３番目の絵に○をつけてください。

〈時 間〉　各15秒

〈解 答〉　①○：２　②○：３　③左から２番目（ネズミ）　④左から２番目　⑤右端

学習のポイント

当校のお話の記憶の問題では、お話の流れに沿った質問だけでなく、流れに関係のない部分からの質問も多く出題されています。こうした質問に対応するには、お話の流れをつかんだ上で、登場人物の持ちものや服装など、質問されやすいことに注意しながらお話を聞くようにしましょう。本問の場合、「リスくんは木の実を２個とった」「ゾウさんは木の実を７個とって眠った」といったことです。もちろん、細かい部分を聞き取ることに集中しすぎて、お話の流れがつかめなくなってはいけません。慣れるまでは、場面が変わるところで１度お話を止めて、保護者の方がそこまでの内容から質問をしながら、必要なことを偏りなく聞き取れているかどうかを確認していくとよいでしょう。当校のお話の記憶は約1,000字と長いのが特徴です。そのため、毎日の読み聞かせは欠かすことができません。

【おすすめ問題集】

１話５分の読み聞かせお話集①・②、お話の記憶 初級編・中級編・上級編、
Ｊｒ・ウォッチャー19「お話の記憶」

問題37　分野：数量（一対多の対応）

〈準 備〉　鉛筆

〈問 題〉　上の段を見てください。ボール３個を箱に入れてから、２枚のシールでふたを留めます。真ん中の段のボールを箱に入れた時、箱とシールはそれぞれいくつ使いますか。下の段の四角にその数だけ○を書いてください。

〈時 間〉　30秒

〈解 答〉　箱○：４　シール○：８

学習のポイント

言い換えれば、「３つのボール、１つの箱、２枚のシールを１つのセットにしてまとめなさい」という問題です。基本的な解き方は、１セットずつ作っていく方法です。はじめに箱に入れるために、ボールを３つずつ数えていきます。ボールを３つ数えるごとに、解答欄に必要な箱とシールの数だけ○を書くようにすると、数え間違いもなく解答がスムーズにできます。箱をすべて数えてからシールを数えてもよいのですが、この場合ボールをもう１度数え直さなければいけないため、少し複雑になってしまいます。このような問題では、いきなり問題に取り組ませずに、お子さまと進め方をいっしょに考えたり、進め方を説明してから取り組ませたりするとよいでしょう。進め方を理解できれば、実際の試験問題や応用問題にも充分対応できるようになります。

【おすすめ問題集】

Ｊｒ・ウォッチャー14「数える」、42「一対多の対応」

問題38　分野：図形（鏡図形）

〈準備〉　鉛筆

〈問題〉　１番左の絵を見てください。この絵を鏡に映すとどのように見えるでしょうか。正しいものを右から選んで○をつけてください。

〈時間〉　各20秒

〈解答〉　①左端　②右端　③左から２番目　④左端

学習のポイント

鏡に映った形は、上下は変わりませんが左右が反対になります。本問のような鏡に映った絵を答える問題は、一見しただけでは見分けにくい選択肢が並ぶことが多いので、それぞれの形の特徴的な部分に注目し、その部分が反転した時の形が正しいかそうでないかで判断していきます。絵を見比べる際は、尻尾やウインクした目など、左右どちらかにしかないものを見比べていくのがポイントです。なお、このような問題では消去法を使って答えを見つけることもできますが、消去法は正解の形を思い浮かべなくても答えが見つけられる方法です。そのため、図形認識の力を伸ばすという観点からはあまりおすすめできません。消去法を使った時は、残った１つの選択肢が、答えとして正しいかどうかを、忘れずに確認するようにしましょう。

【おすすめ問題集】

Ｊｒ・ウォッチャー48「鏡図形」

問題39　分野：言語（言葉の音）

〈準備〉　鉛筆

〈問題〉　左上のウサギの絵を見てください。ウサギという言葉は、「ウ」「サ」「ギ」と３つの音が集まった言葉です。このように、それぞれの絵の言葉の音の数をかぞえます。それぞれの絵の下に、お手本のように音の数だけ○を書いてください。

〈時間〉　２分

〈解答〉　下図参照

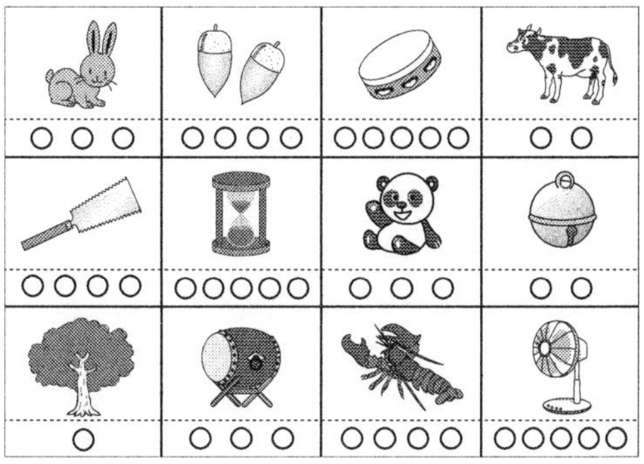

学習のポイント

それぞれの言葉の音の数をかぞえる問題です。選択肢の言葉に拗音（小さい「ゃ」「ゅ」「ょ」）や長音（「ー」）、促音（小さい「っ」）は含まれていませんので、難しくはありません。慌てずに取り組んでください。言葉を音の集まりとして考えること、語彙を増やすことが言語分野の学習で大切だということは前問までで説明しましたが、小学校入試では、「聞く」「見る」「考える」「答える」「書く」など、さまざまな力を組み合わせて問題に取り組まなければいけません。本問のような小さな解答欄に「○」を書くことも、知識を身に付けることと同様に大切なことですので、知識を増やす学習と並行して、毎日練習するようにしてください。

【おすすめ問題集】

Ｊｒ・ウォッチャー17「言葉の音遊び」、60「言葉の音（おん）」

問題40　分野：常識（季節）

〈準 備〉　鉛筆

〈問 題〉　１番左の絵と同じ季節のものを右から選んで○をつけてください。

〈時 間〉　各20秒

〈解 答〉　①左から２番目（アサガオ・夏）
②右から２番目（ヒガンバナまたは曼珠沙華・秋）
③左から２番目（トマト・夏）
④右端（スキー・冬）

学習のポイント

季節に関する常識分野の問題では、植物、くだもの、野菜、昆虫、行事など多岐にわたり、それぞれの季節を代表するものについての知識が問われています。日々の生活や学習の中で目に触れるようなものをはじめ、身近なもの、一般的なものはしっかりと覚えておくようにするとよいでしょう。こういった問題を解いていると、ふだんの生活ではあまり見かけないものが出てくる場合もあります。そういったものについても、小学校入試の問題で扱われることがありますので、季節だけでなく周辺の知識とあわせて、その場で覚えられるようにしてください。特に当校では、自然分野や食についての豊富な知識が求められています。さまざまな学習機会を逃さないように気をつけてください。なお、本問で扱われた解答以外のものの名称と季節は、一般的に次の通りです。

①ヒマワリ（夏）、パンジー（春）、ツクシ（春）、チューリップ（春）
②モミジ（秋）、タンポポ（春）、アジサイ（夏）、バラ（春）
③スイカ（夏）、タケノコ（春）、レンコン（秋）、サツマイモ（秋）
④節分（冬）、月見（秋）、ひなまつり（春）、スイカ割り（夏）

【おすすめ問題集】

Ｊｒ・ウォッチャー11「いろいろな仲間」、27「理科」、34「季節」、
55「理科②」

問題１２

①

②

③

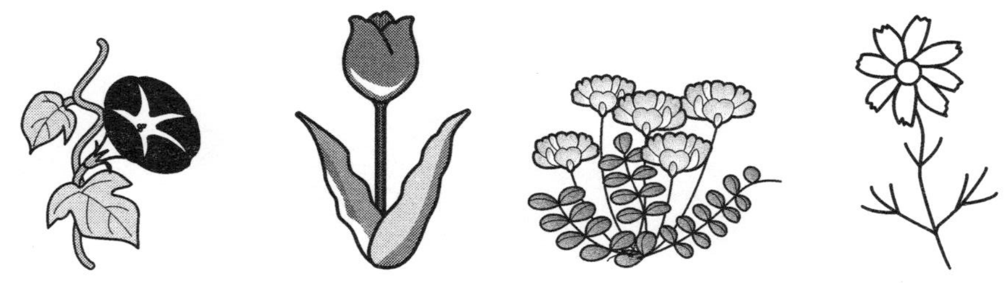

④

⑤

⑥

⑦

⑧

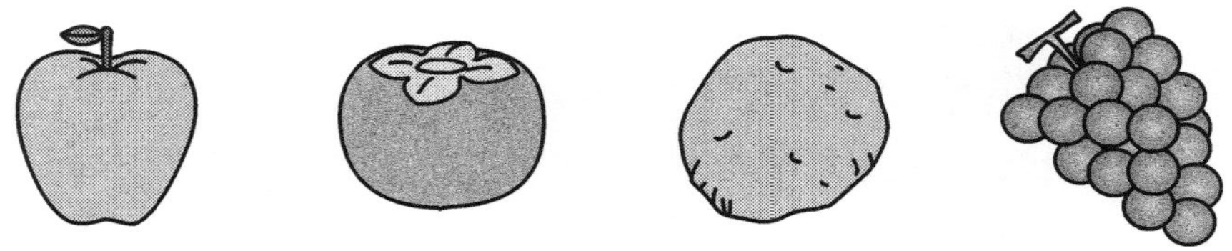

問題13

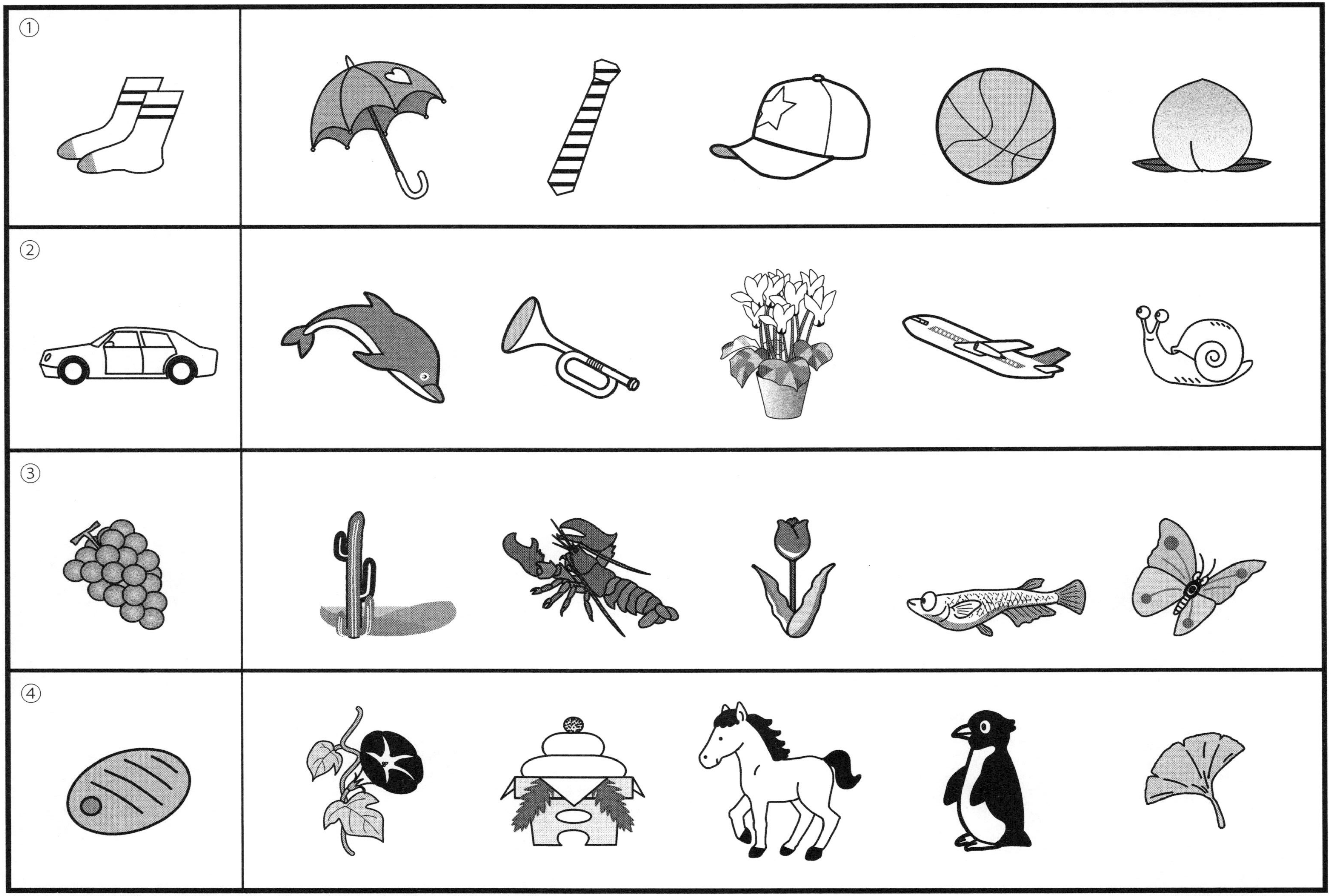

   日本学習図書株式会社

2022年度 東京農業大学稲花小学校 過去・対策 無断複製／転載を禁ずる 日本学習図書株式会社

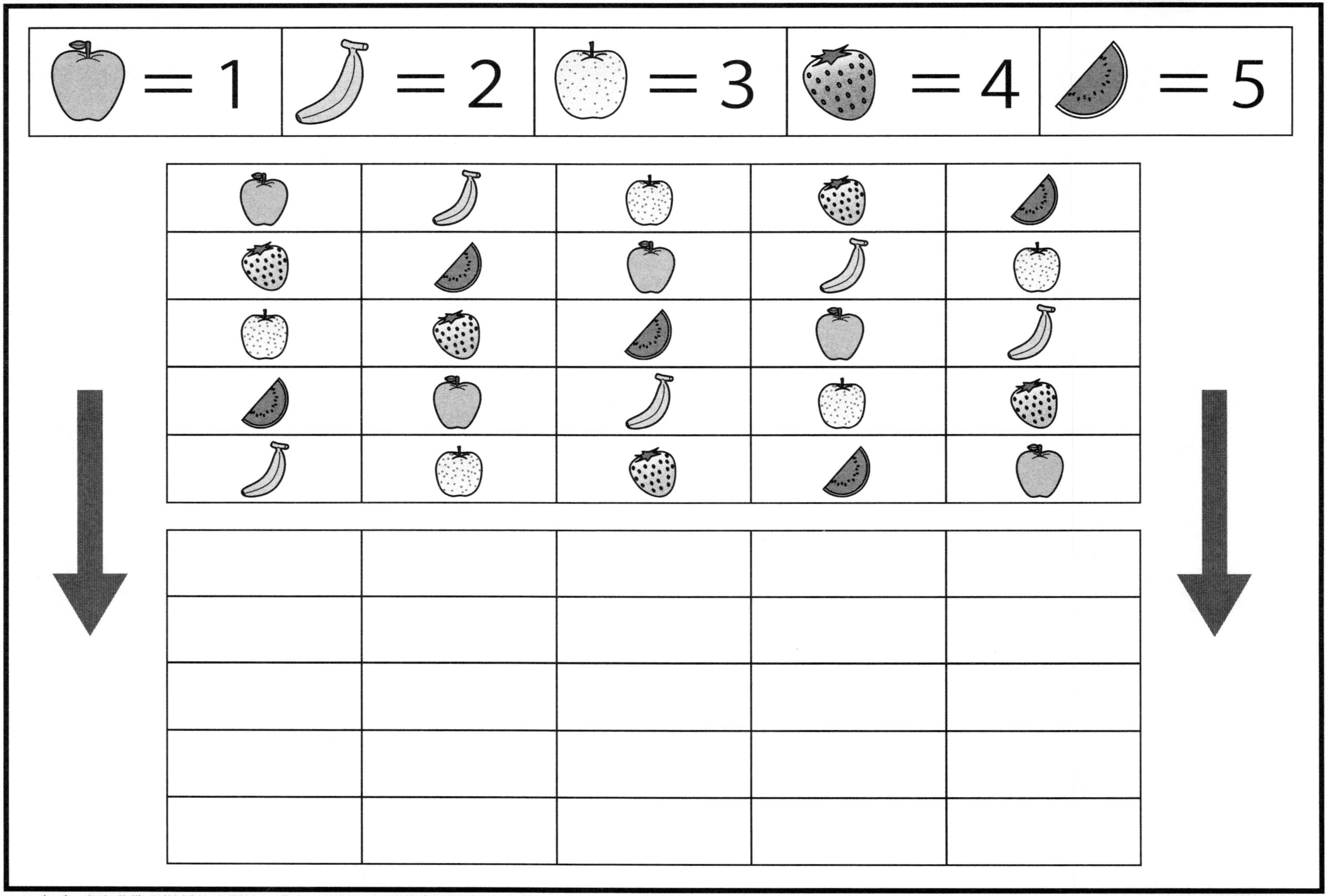

問題１５

①

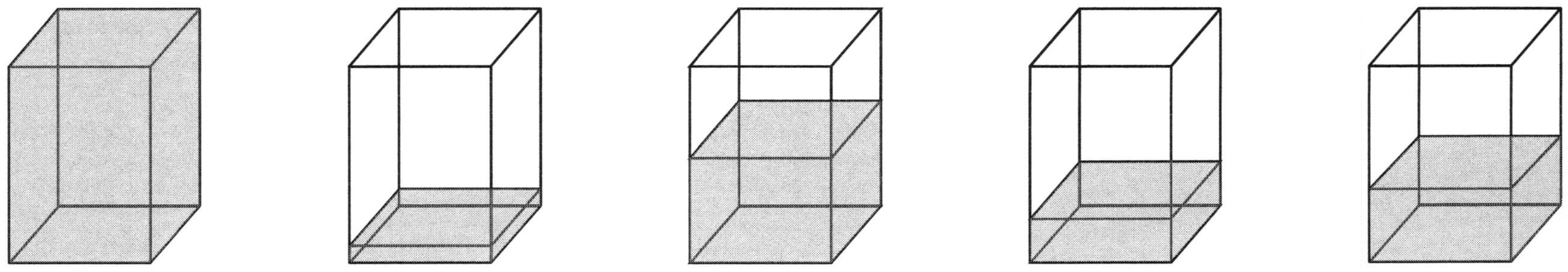

②

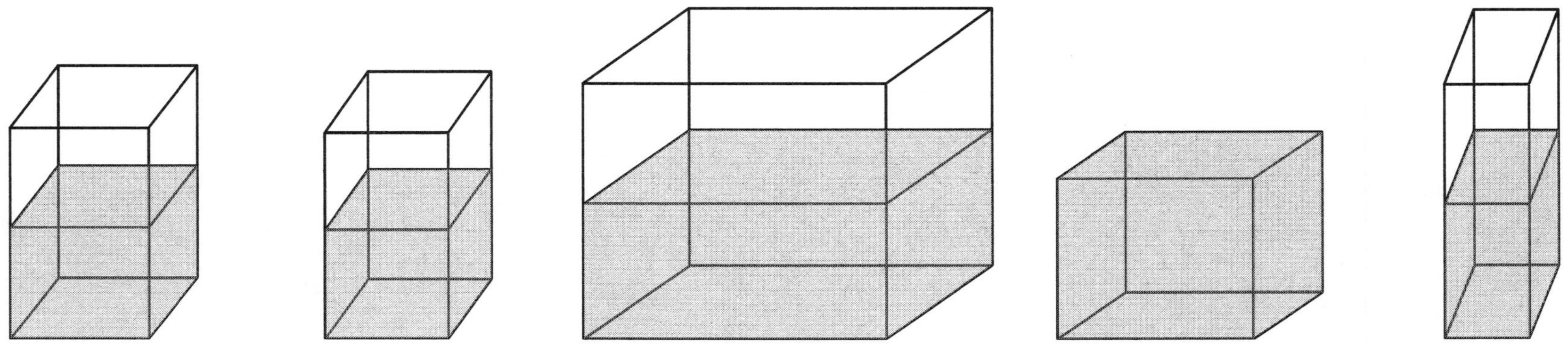

③

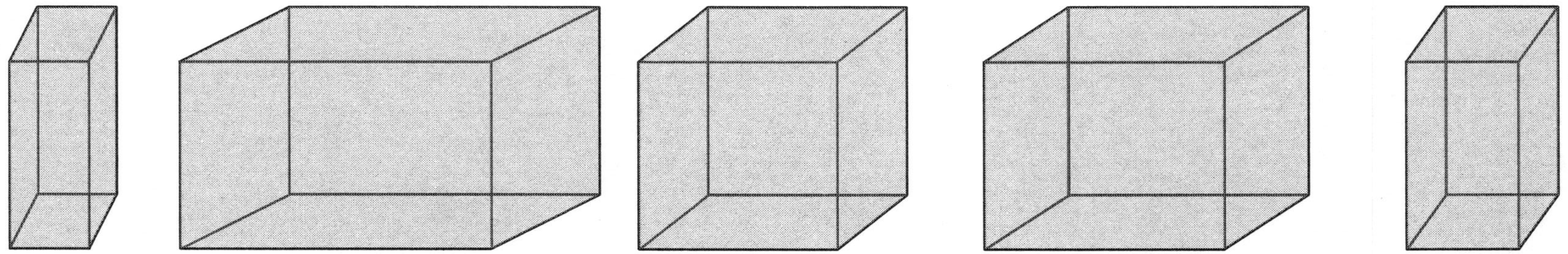

問題16

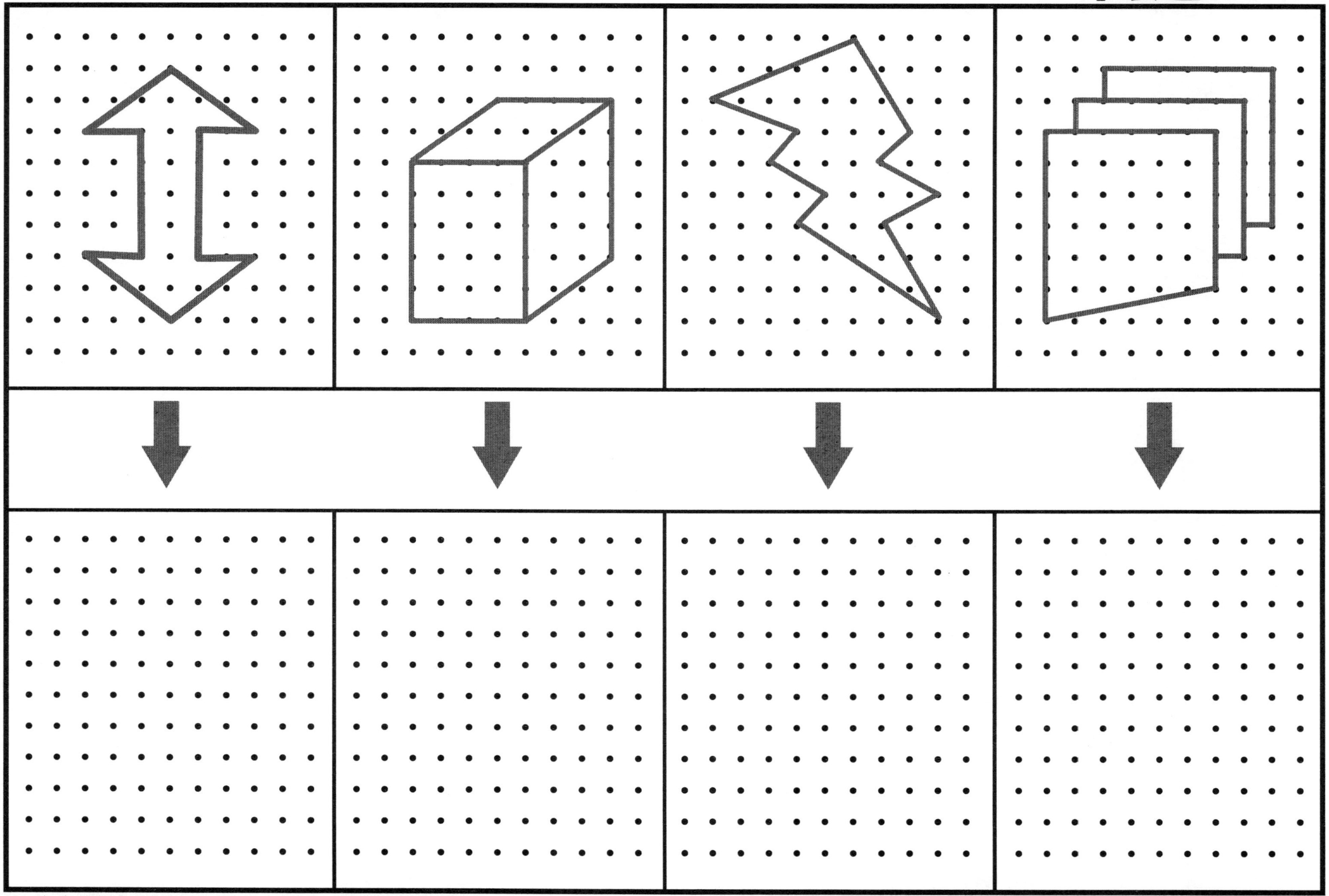

問題１７

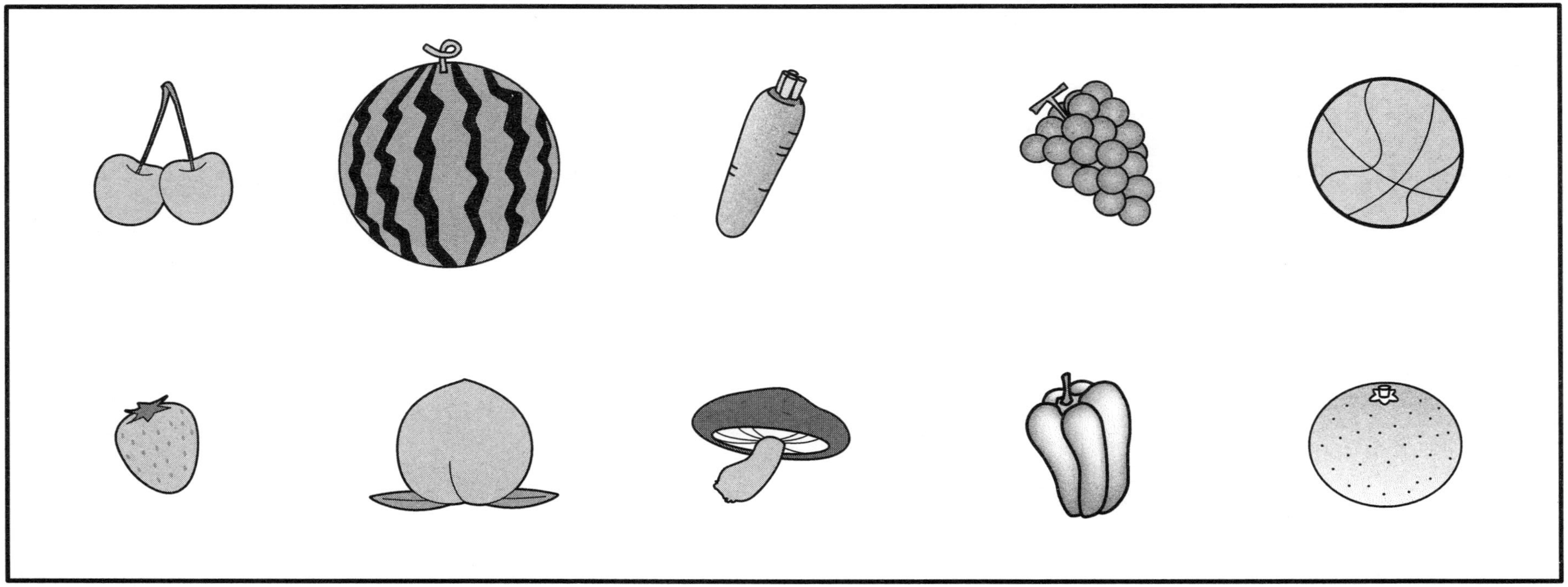

問題22

①

②

③

④

⑤

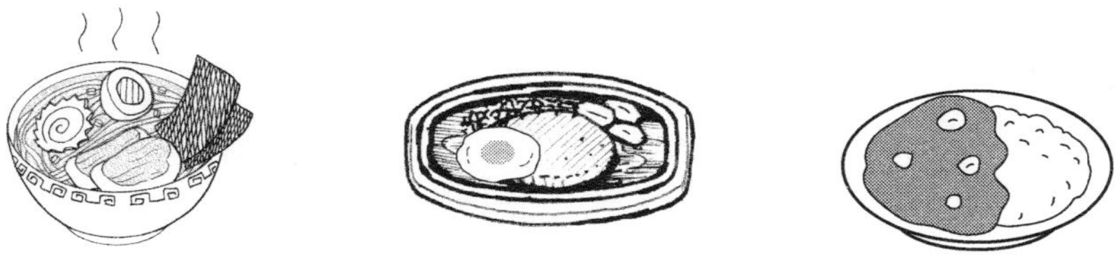

⑥

⑦

⑧

2022 年度 東京農業大学稲花小学校 過去・対策 無断複製／転載を禁ずる 日本学習図書株式会社

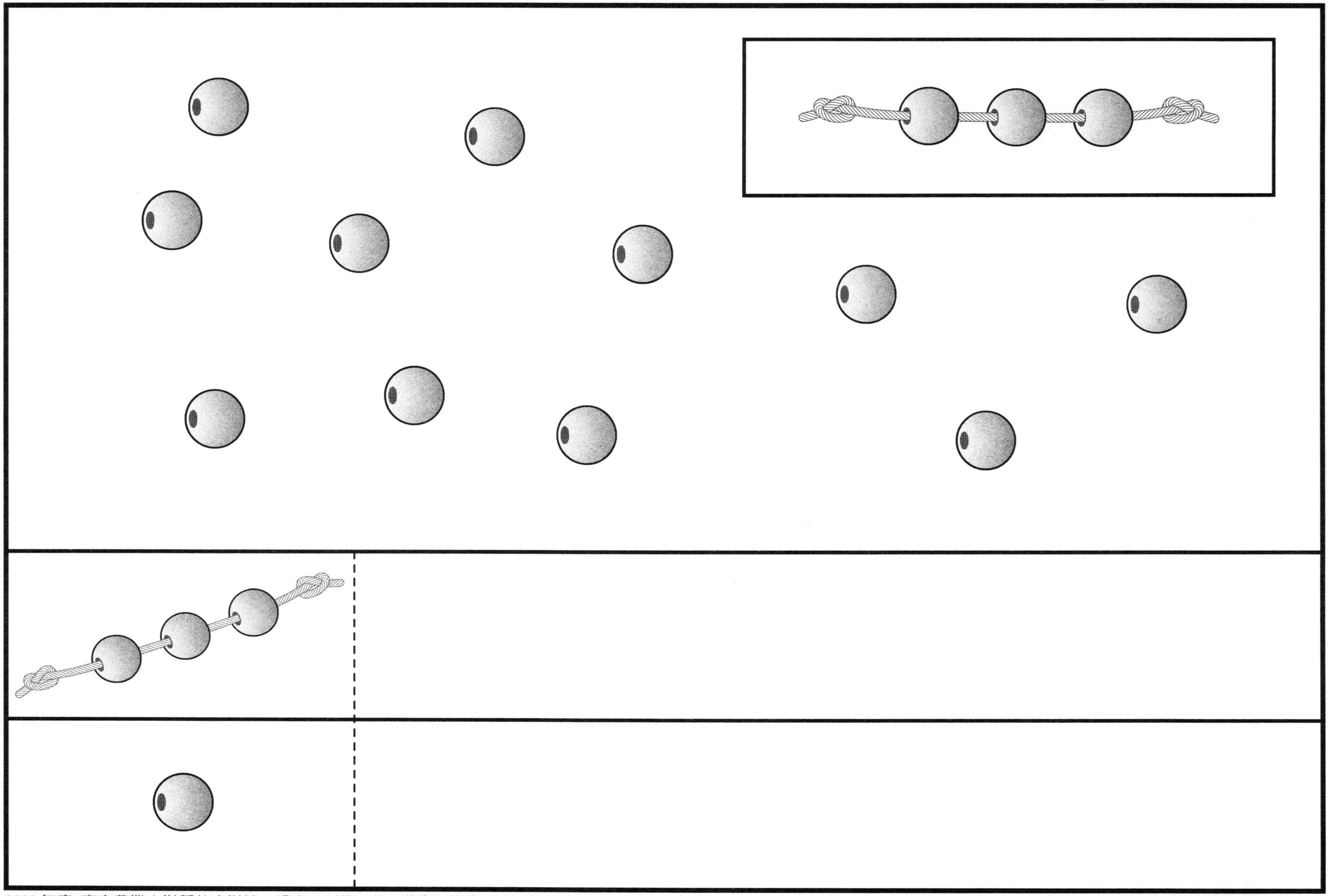

問題２４

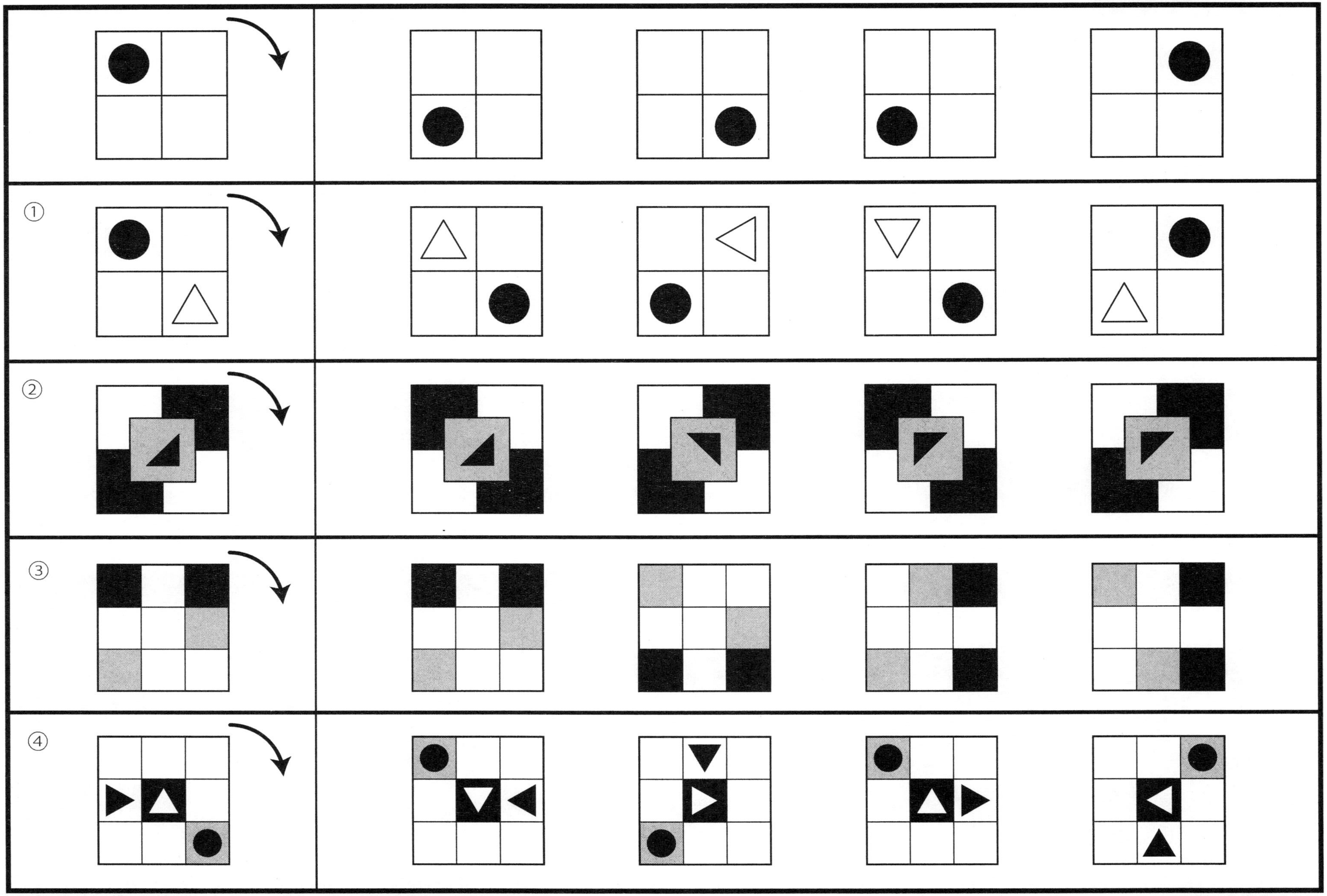

問題２５

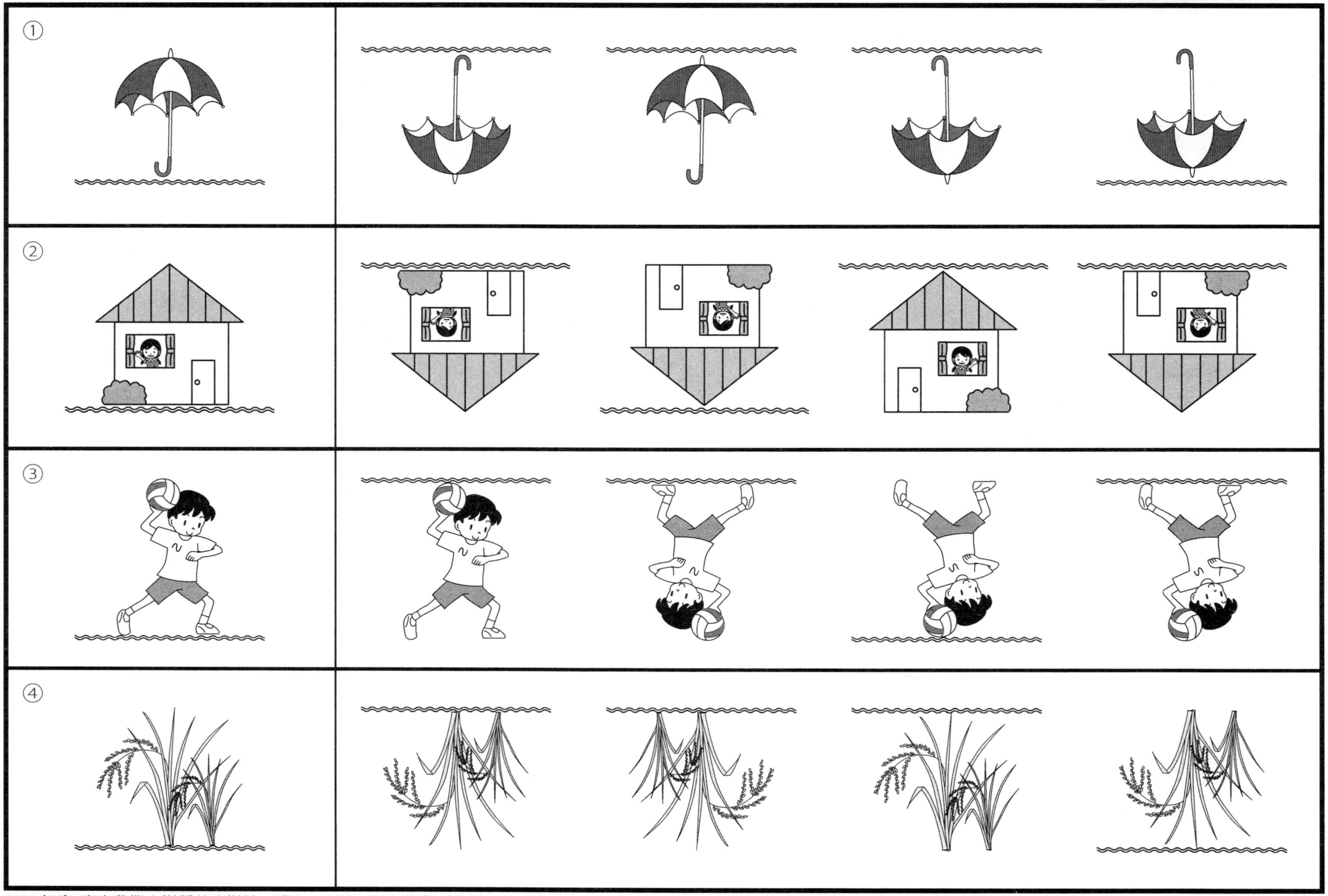

日本学習図書株式会社

問題２６

①

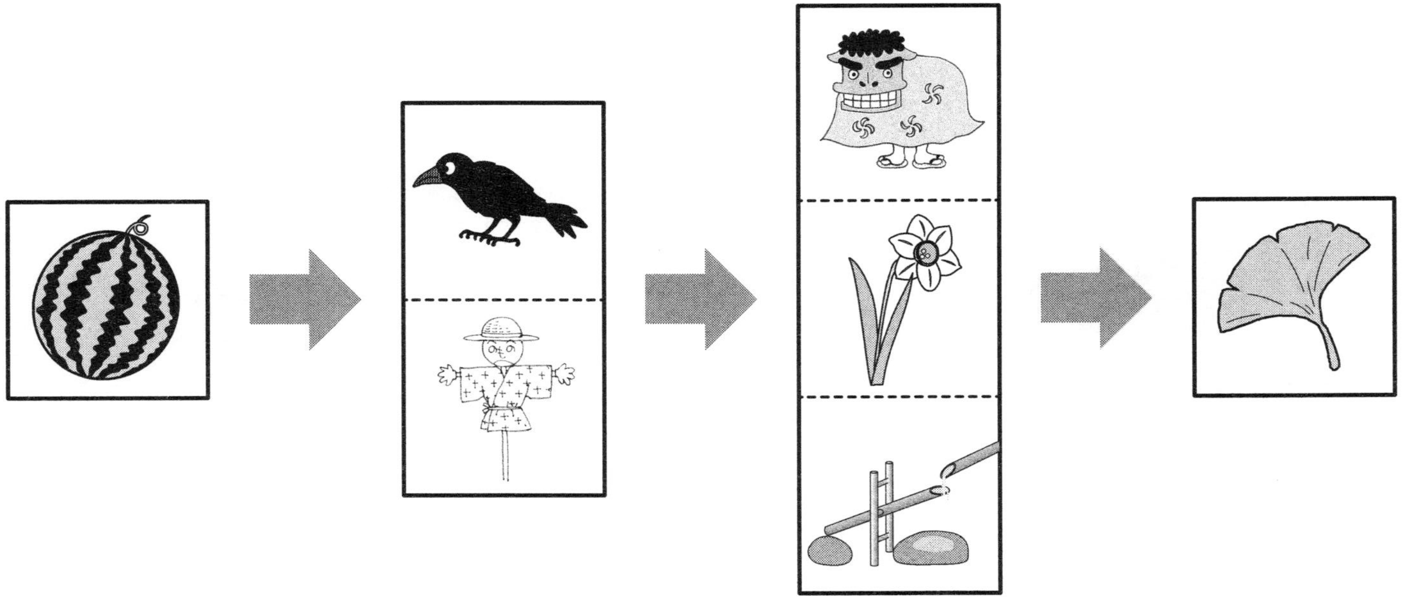

②

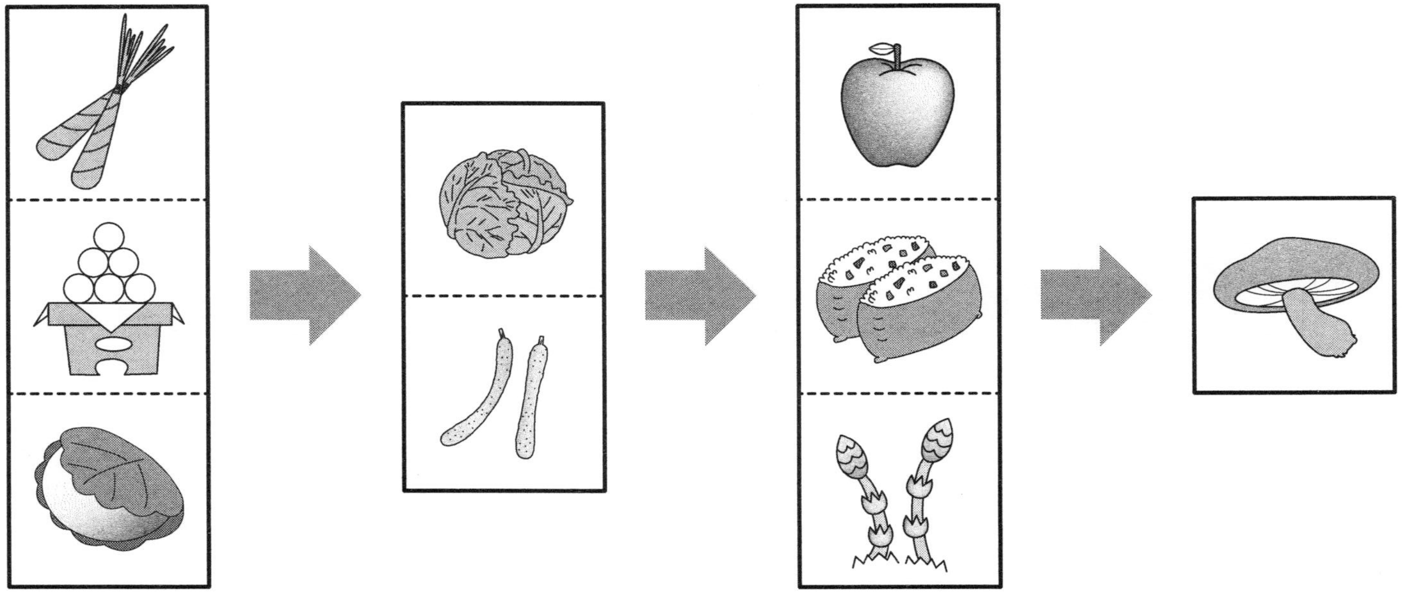

2022 年度　東京農業大学稲花小学校　過去・対策　無断複製／転載を禁ずる　　日本学習図書株式会社

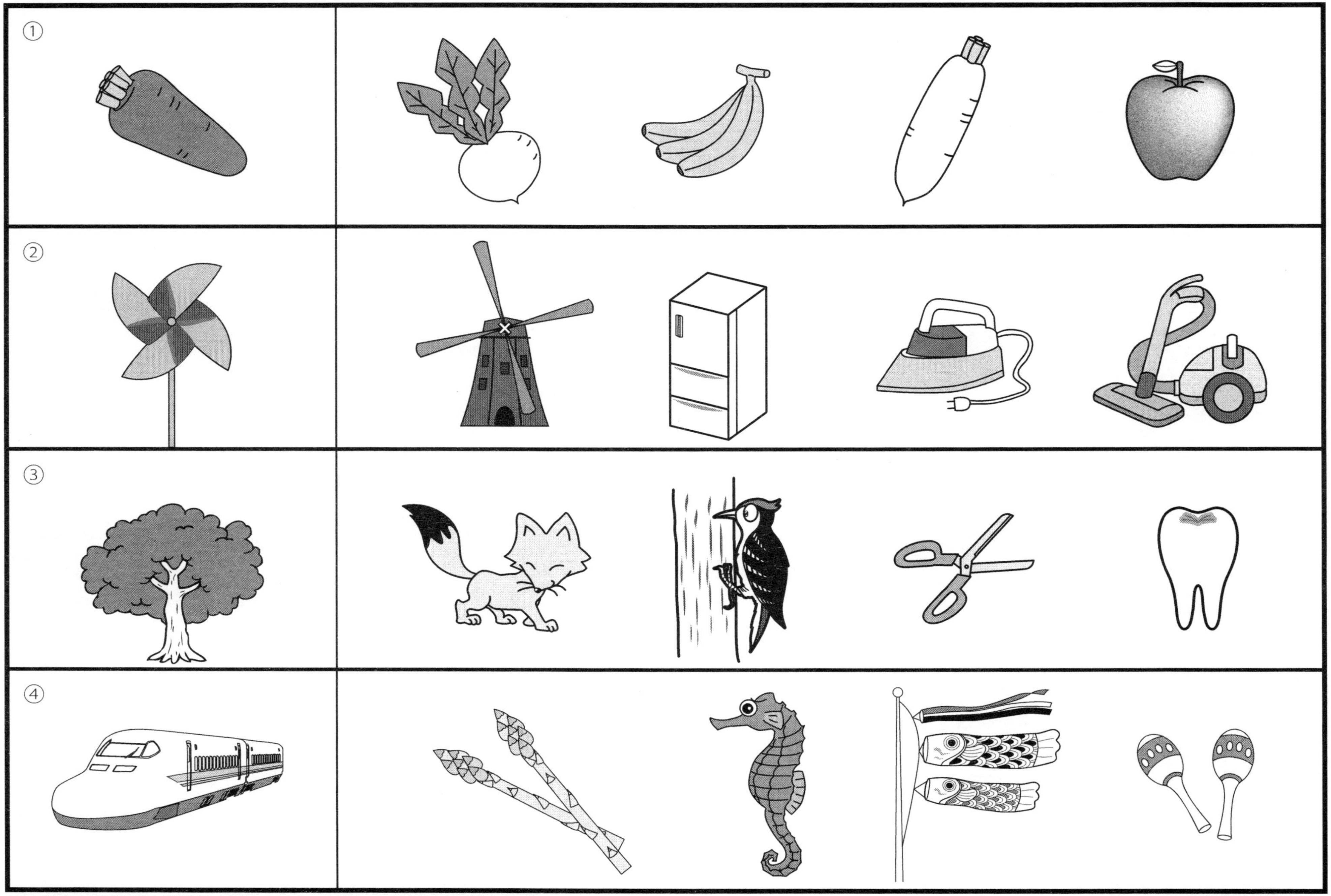

問題28

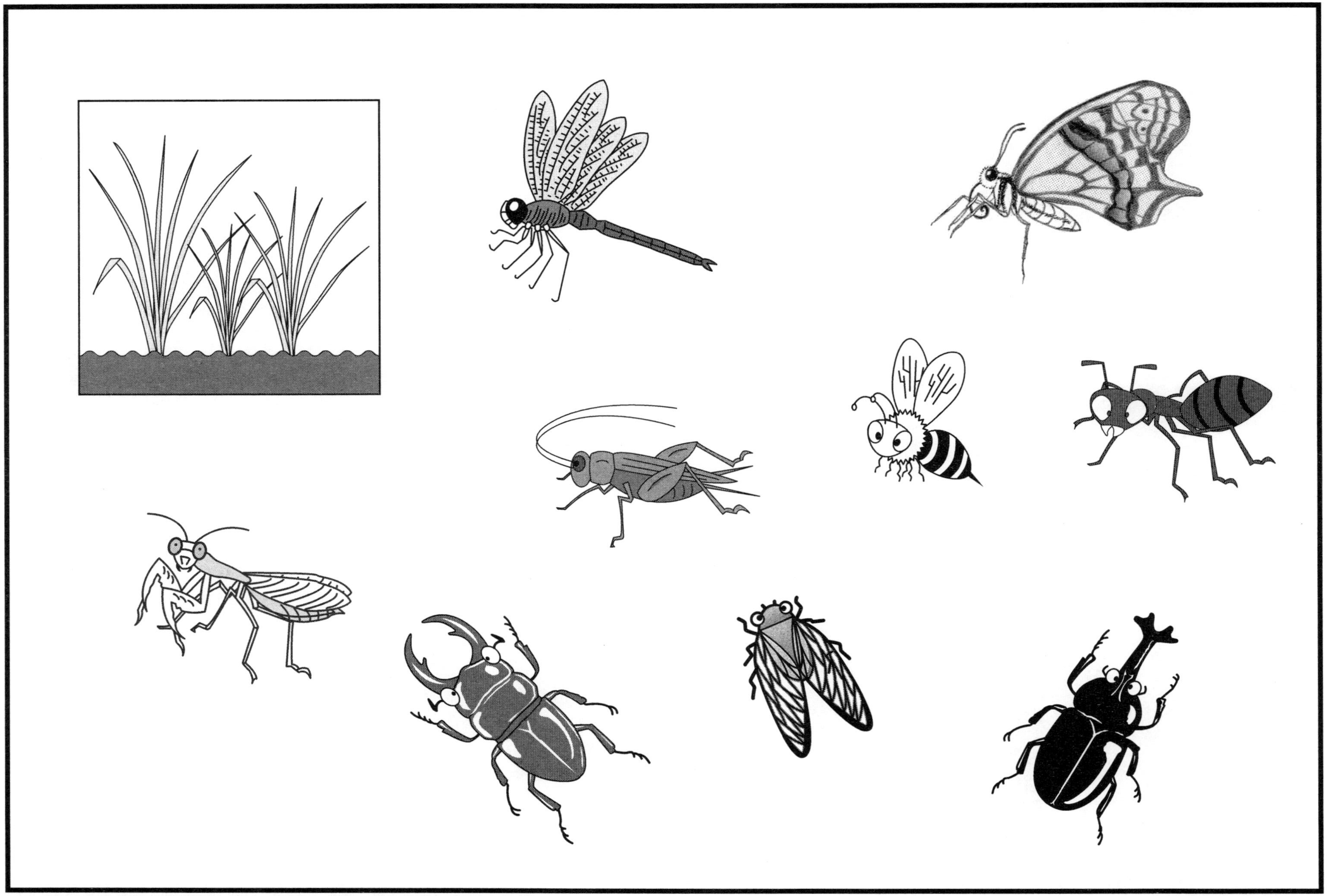

日本学習図書株式会社

2022年度 東京農業大学稲花小学校 過去・対策 無断複製/転載を禁ずる

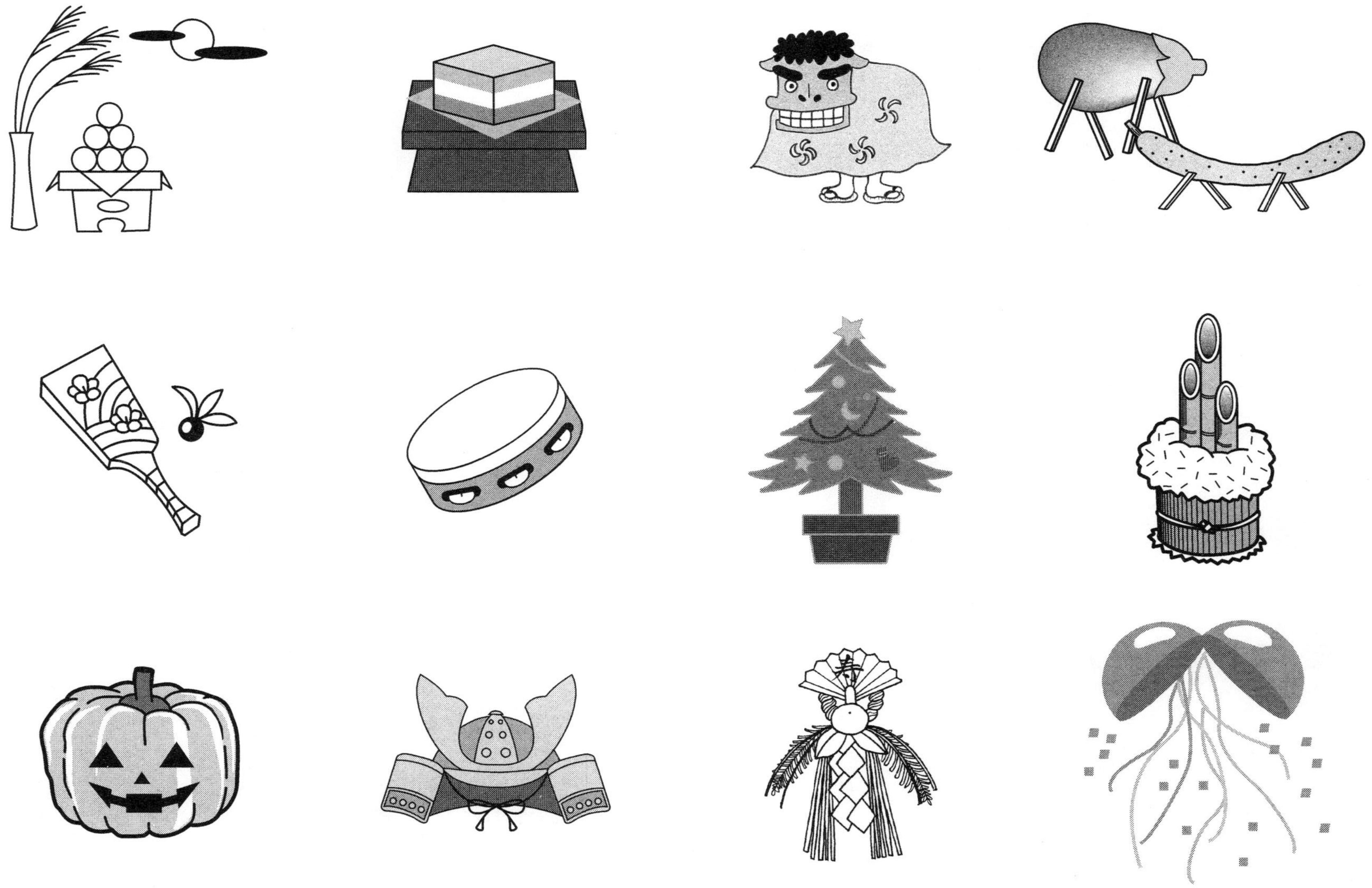

問題３０

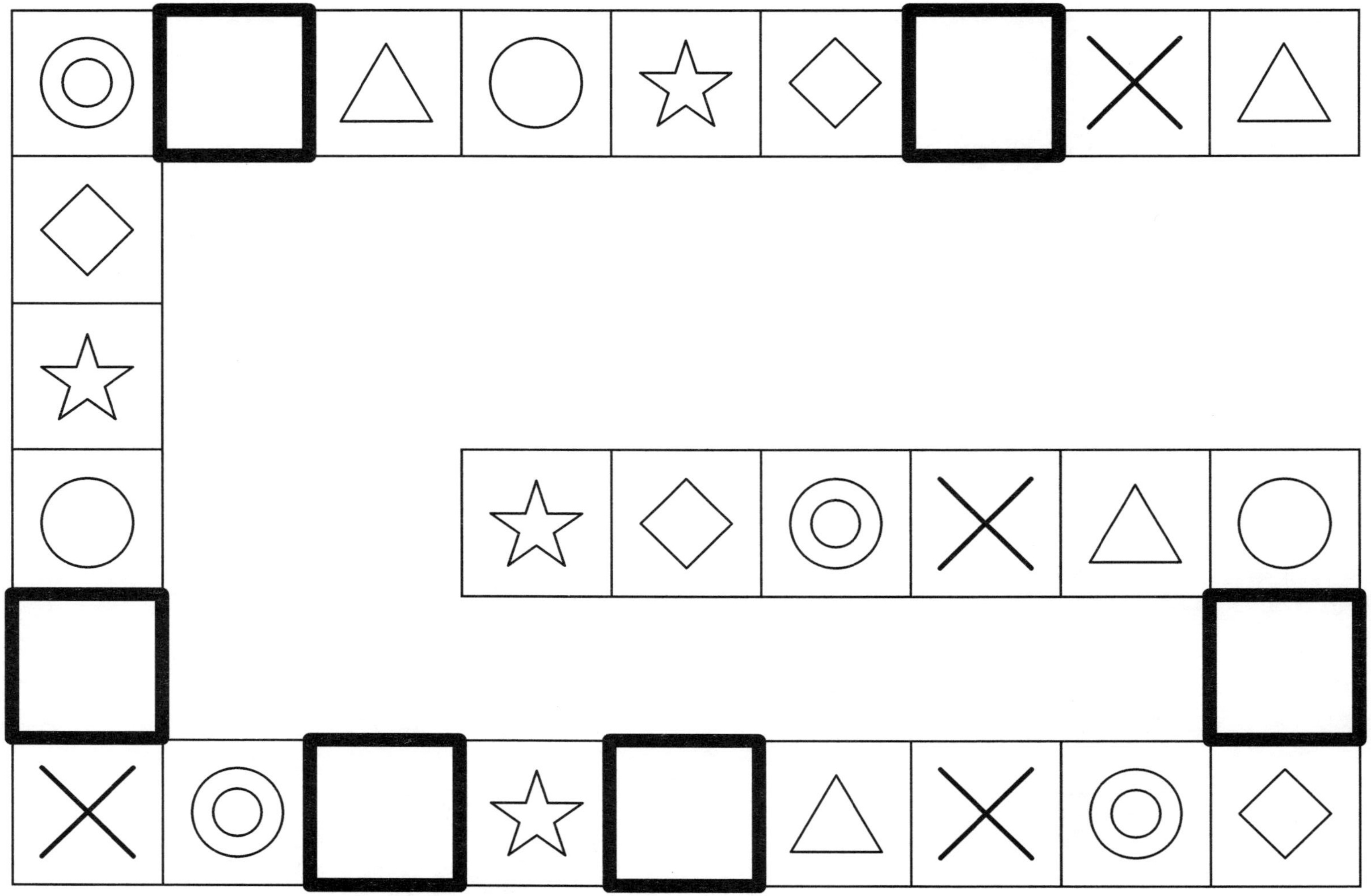

2022年度 東京農業大学稲花小学校　過去・対策　無断複製／転載を禁ずる　日本学習図書株式会社

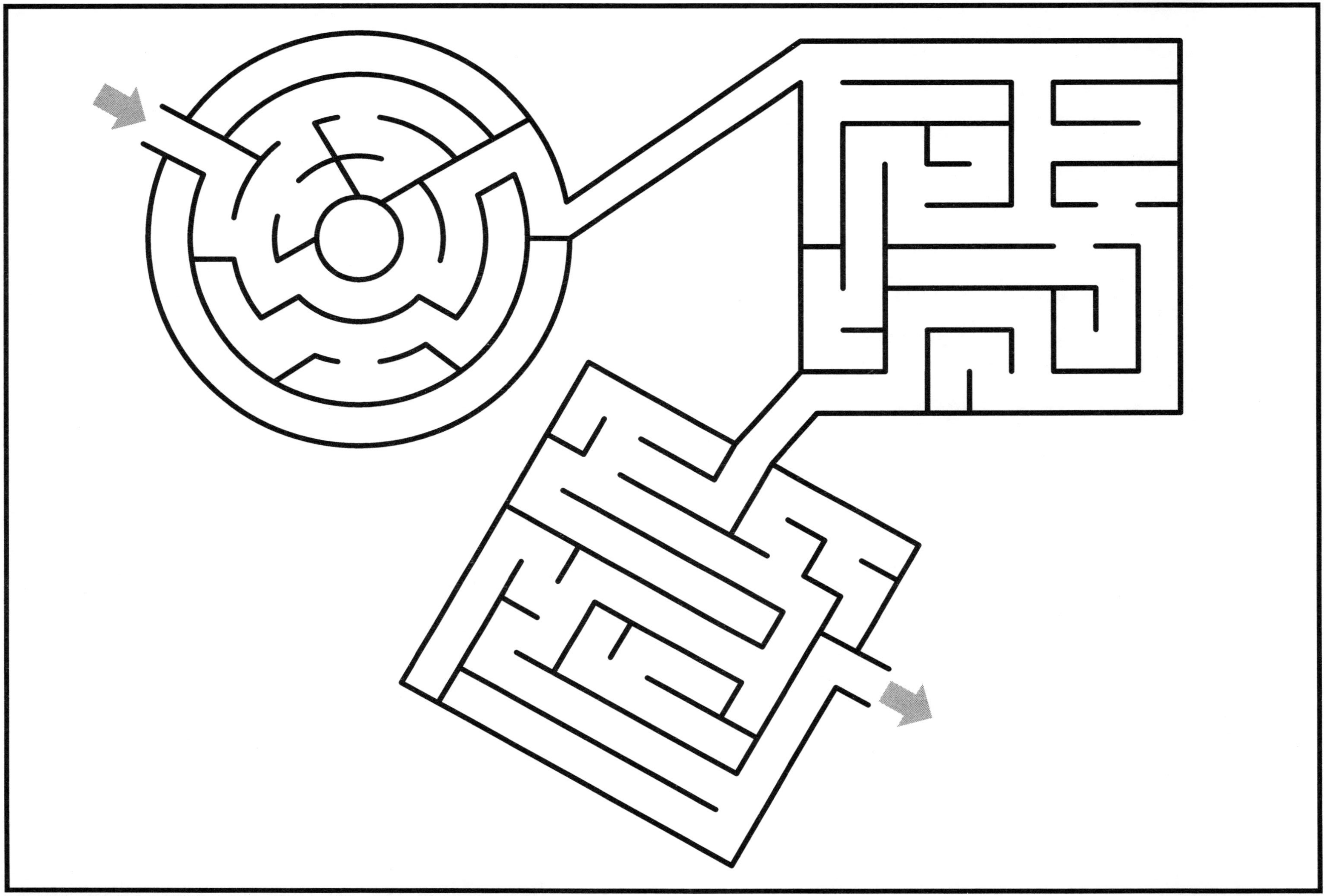

①

②

③

④

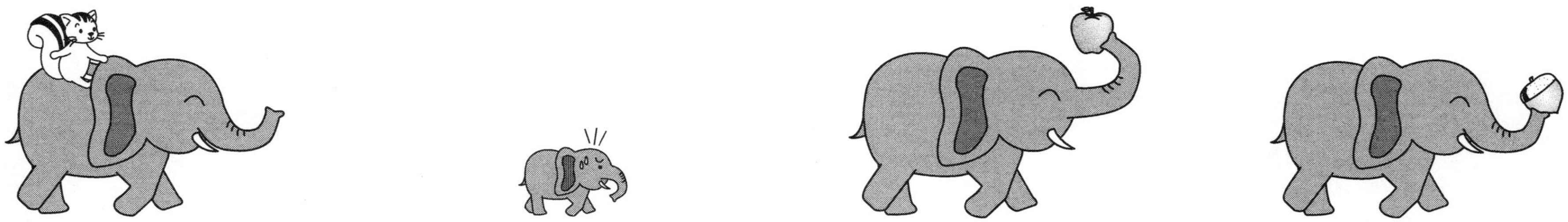

⑤

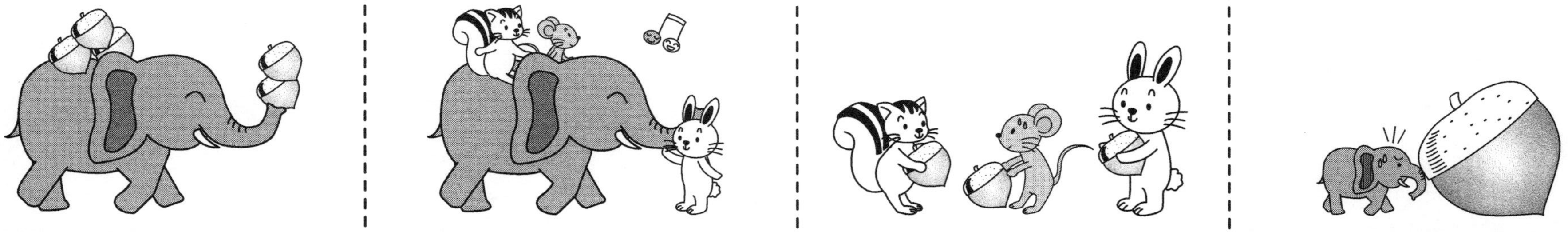

問題37

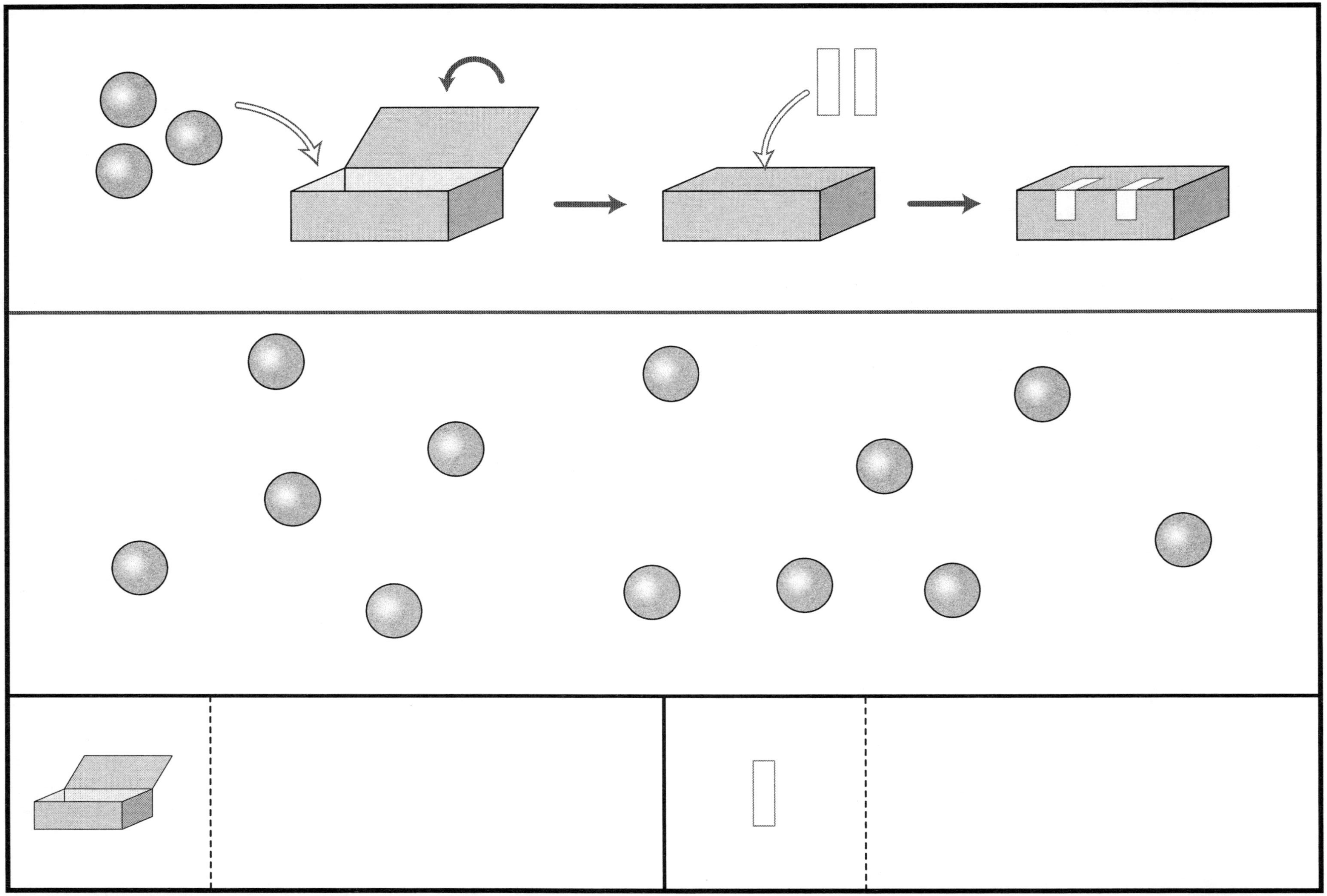

2022年度 東京農業大学稲花小学校 過去・対策 無断複製／転載を禁ずる 日本学習図書株式会社

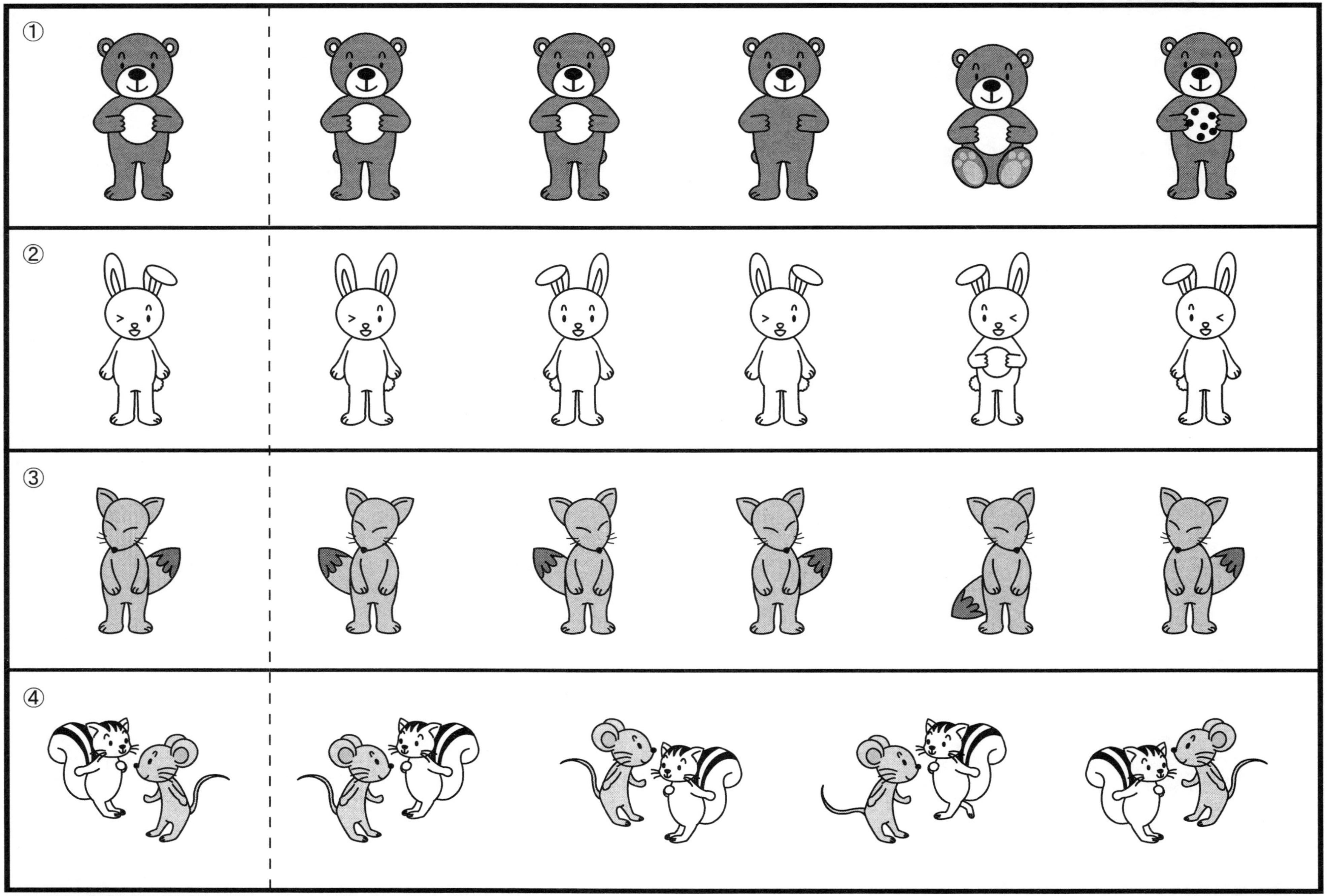

2022年度 東京農業大学稲花小学校 過去・対策 無断複製／転載を禁ずる

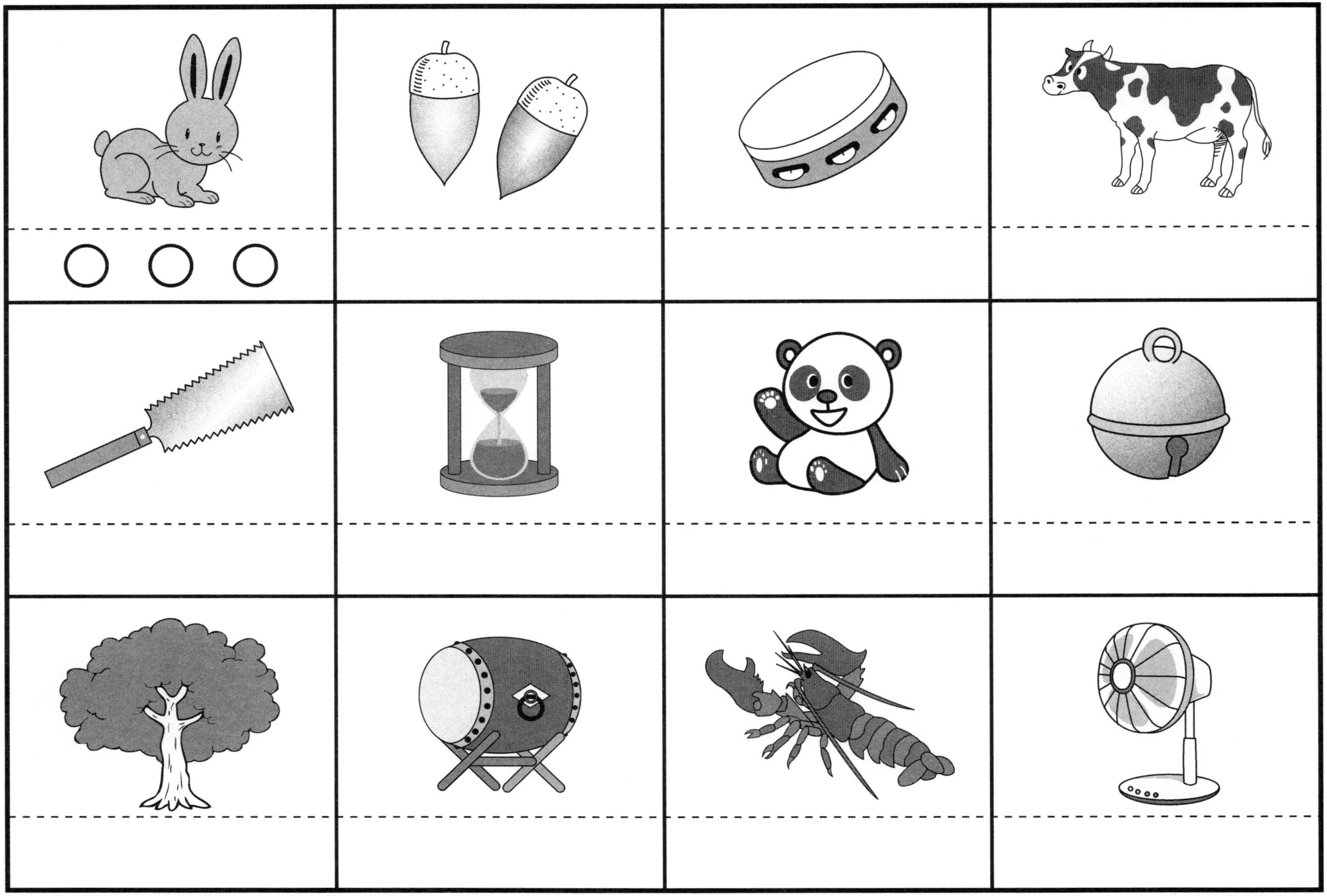

問題４０

①

②

③

④

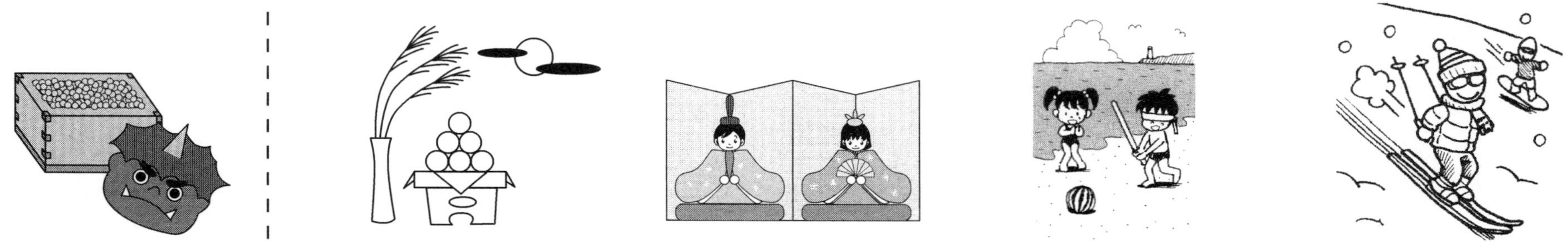

図書カード 1000 円分プレゼント

ご記入日 令和　　年　　月　　日

☆国・私立小学校受験アンケート☆

※可能な範囲でご記入下さい。選択肢は○で囲んで下さい。

〈小学校名〉＿＿＿＿＿＿＿＿＿＿　〈お子さまの性別〉男・女　〈誕生月〉＿＿月

〈その他の受験校〉（複数回答可）＿＿＿＿＿＿＿＿＿＿＿＿＿＿

〈受験日〉①：＿＿月＿＿日　〈時間〉＿＿時＿＿分　～＿＿時＿＿分

②：＿＿月＿＿日　〈時間〉＿＿時＿＿分　～＿＿時＿＿分

〈受験者数〉男女計＿＿名（男子＿＿名　女子＿＿名）

〈お子さまの服装〉＿＿＿＿＿＿＿＿＿＿

〈入試全体の流れ〉（記入例）準備体操→行動観察→ペーパーテスト

＿＿＿＿＿＿＿＿＿＿＿＿＿＿＿＿＿＿

Eメールによる情報提供

日本学習図書では、Eメールでも入試情報を募集しております。

下記のアドレスに、アンケートの内容をご入力の上、メールをお送り下さい。

ojuken@nichigaku.jp

●行動観察　（例）好きなおもちゃで遊ぶ・グループで協力するゲームなど

〈実施日〉＿＿月＿＿日　〈時間〉＿＿時＿＿分　～＿＿時＿＿分　〈着替え〉□有　□無

〈出題方法〉□肉声　□録音　□その他（　　　　　）　〈お手本〉□有　□無

〈試験形態〉□個別　□集団（　　人程度）　〈会場図〉

〈内容〉

□自由遊び

＿＿＿＿＿＿＿＿＿＿＿＿＿＿

□グループ活動

＿＿＿＿＿＿＿＿＿＿＿＿＿＿

□その他

＿＿＿＿＿＿＿＿＿＿＿＿＿＿

●運動テスト（有・無）　（例）跳び箱・チームでの競争など

〈実施日〉＿＿月＿＿日　〈時間〉＿＿時＿＿分　～＿＿時＿＿分　〈着替え〉□有　□無

〈出題方法〉□肉声　□録音　□その他（　　　　　）　〈お手本〉□有　□無

〈試験形態〉□個別　□集団（　　人程度）　〈会場図〉

〈内容〉

□サーキット運動

□走り　□跳び箱　□平均台　□ゴム跳び

□マット運動　□ボール運動　□なわ跳び

□クマ歩き

□グループ活動＿＿＿＿＿＿＿＿＿＿＿＿

□その他＿＿＿＿＿＿＿＿＿＿＿＿＿＿

●知能テスト・口頭試問

〈実施日〉＿＿月＿＿日 〈時間〉＿＿時＿＿分 ～ ＿＿時＿＿分 〈お手本〉□有 □無

〈出題方法〉 □肉声 □録音 □その他（　　　　　　） 〈問題数〉＿＿枚 ＿＿問

分野	方法	内　容	詳細・イラスト
（例） お話の記憶	☑筆記 □口頭	動物たちが待ち合わせをする話	（あらすじ） 動物たちが待ち合わせをした。最初にウサギさんが来た。次にイヌくんが、その次にネコさんが来た。最後にタヌキくんが来た。 （問題・イラスト） ３番目に来た動物は誰か 
お話の記憶	□筆記 □口頭		（あらすじ） （問題・イラスト）
図形	□筆記 □口頭		
言語	□筆記 □口頭		
常識	□筆記 □口頭		
数量	□筆記 □口頭		
推理	□筆記 □口頭		
その他	□筆記 □口頭		

●制作　（例）ぬり絵・お絵かき・工作遊びなど

〈実施日〉＿＿月＿＿日　〈時間〉＿＿時＿＿分　～　＿＿時＿＿分

〈出題方法〉　□肉声　□録音　□その他（　　　　　　）　〈お手本〉□有　□無

〈試験形態〉　□個別　□集団（　　　　人程度）

材料・道具	制作内容
□ハサミ □のり（□つぼ　□液体　□スティック） □セロハンテープ □鉛筆　□クレヨン（　色） □クーピーペン（　色） □サインペン（　色）□ □画用紙（□ A4　□ B4　□ A3 　　□その他：　　　　　　） □折り紙　□新聞紙　□粘土 □その他（　　　　　　　）	□切る　□貼る　□塗る　□ちぎる　□結ぶ　□描く　□その他（　　　　　　　） タイトル：＿＿＿＿＿＿＿＿＿＿

●面接

〈実施日〉＿＿月＿＿日　〈時間〉＿＿時＿＿分　～　＿＿時＿＿分　〈面接担当者〉＿＿名

〈試験形態〉□志願者のみ（　　）名　□保護者のみ　□親子同時　□親子別々

〈質問内容〉

□志望動機　□お子さまの様子

□家庭の教育方針

□志望校についての知識・理解

□その他（　　　　　　　　　　　）

（　詳　細　）

・

・

・

・

※試験会場の様子をご記入下さい。

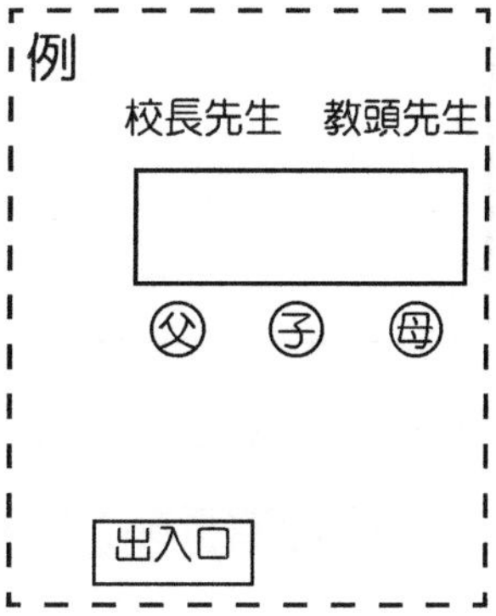

●保護者作文・アンケートの提出（有・無）

〈提出日〉　□面接直前　□出願時　□志願者考査中　□その他（　　　　　　　　　）

〈下書き〉　□有　□無

〈アンケート内容〉

（記入例）当校を志望した理由はなんですか（150字）

●**説明会**（□有　□無）**〈開催日〉**　　月　　日 **〈時間〉**　　時　　分　～　　時　　分

〈上履き〉　□要　□不要　**〈願書配布〉**　□有　□無　**〈校舎見学〉**　□有　□無

〈ご感想〉

●**参加された学校行事**（複数回答可）

公開授業〈開催日〉　　月　　日 **〈時間〉**　　時　　分　～　　時　　分

運動会など〈開催日〉　　月　　日 **〈時間〉**　　時　　分　～　　時　　分

学習発表会・音楽会など〈開催日〉　　月　　日 **〈時間〉**　　時　　分　～　　時　　分

〈ご感想〉

※是非参加したほうがよいと感じた行事について

●**受験を終えてのご感想、今後受験される方へのアドバイス**

※対策学習（重点的に学習しておいた方がよい分野）、当日準備しておいたほうがよい物など

＊＊＊＊＊＊＊＊＊＊＊＊　ご記入ありがとうございました　＊＊＊＊＊＊＊＊＊＊＊＊

必要事項をご記入の上、ポストにご投函ください。

なお、本アンケートの送付期限は入試終了後３ヶ月とさせていただきます。また、入試に関する情報の記入量が当社の基準に満たない場合、謝礼の送付ができないことがございます。あらかじめご了承ください。

ご住所：〒

お名前：　　　　メール：

ＴＥＬ：　　　　ＦＡＸ：

アンケートのご記入ありがとうございました

ご記入頂いた個人に関する情報は、当社にて厳重に管理致します。弊社の個人情報取り扱いに関する詳細は、www.nichigaku.jp/policy.php の「個人情報の取り扱い」をご覧下さい。

分野別 小学入試練習帳 ジュニアウォッチャー

1．点・線図形	小学校入試で出題頻度の高い『点・線図形』の模写を、難易度の低いものから段階別に幅広く練習することができるように構成。
2．座標	図形の位置模写という作業を、難易度の低いものから段階別に練習できるように構成。
3．パズル	様々なパズルの問題を難易度の低いものから段階別に練習できるように構成。
4．同図形探し	小学校入試で出題頻度の高い、同図形選びの問題を繰り返し練習できるように構成。
5．回転・展開	図形などを回転、または展開したとき、形がどのように変化するかを学習し、理解を深められるように構成。
6．系列	数、図形などの様々な系列問題を、難易度の低いものから段階別に練習できるように構成。
7．迷路	迷路の問題を繰り返し練習できるように構成。
8．対称	対称に関する問題を４つのテーマに分類し、各テーマごとに問題を段階別に練習できるように構成。
9．合成	図形の合成に関する問題を、難易度の低いものから段階別に練習できるように構成。
10．四方からの観察	もの（立体）を様々な角度から見て、どのように見えるかを推理する問題を段階別に整理し、１つの形式で複数の問題を練習できるように構成。
11．いろいろな仲間	ものや動物、植物の共通点を見つけ、分類していく問題を中心に構成。
12．日常生活	日常生活における様々な問題を６つのテーマに分類し、各テーマごとに一つの問題形式で複数の問題を練習できるように構成。
13．時間の流れ	『時間』に着目し、様々なものごとは、時間が経過するとどのように変化するのかということを学習し、理解できるように構成。
14．数える	様々なものを『数える』ことから、数の多少の判定やかけ算、わり算の基礎までを練習できるように構成。
15．比較	比較に関する問題を５つのテーマ（数、高さ、長さ、量、重さ）に分類し、各テーマごとに問題を段階別に練習できるように構成。
16．積み木	数える対象を積み木に限定した問題集。
17．言葉の音遊び	言葉の音に関する問題を５つのテーマに分類し、各テーマごとに問題を段階別に練習できるように構成。
18．いろいろな言葉	表現力をより豊かにするいろいろな言葉として、擬態語や擬声語、同音異義語、反意語、数詞を取り上げた問題集。
19．お話の記憶	お話を聴いてその内容を記憶、理解し、設問に答える形式の問題集。
20．見る記憶・聴く記憶	「見て憶える」「聴いて憶える」という『記憶』分野に特化した問題集。
21．お話作り	いくつかの絵を元にしてお話を作る練習をして、想像力を養うことができるように構成。
22．想像画	描かれてある形や景色に好きな絵を描くことにより、想像力を養うことができるように構成。
23．切る・貼る・塗る	小学校入試で出題頻度の高い、はさみやのりなどを用いた巧緻性の問題を繰り返し練習できるように構成。
24・絵画	小学校入試で出題頻度の高い、お絵かきやぬり絵などクレヨンやクーピーペンを用いた巧緻性の問題を繰り返し練習できるように構成。
25．生活巧緻性	小学校入試で出題頻度の高い日常生活の様々な場面における巧緻性の問題集。
26．文字・数字	ひらがなの清音、濁音、拗音、拗長音、促音と１～20までの数字に焦点を絞り、練習できるように構成。
27．理科	小学校入試で出題頻度が高くなりつつある理科の問題を集めた問題集。
28．運動	出題頻度の高い運動問題を種目別に分けて構成。
29．行動観察	項目ごとに問題提起をし、「このような時はどうか、あるいはどう対処するのか」の観点から問いかける形式の問題集。
30．生活習慣	学校から家庭に提起された問題と思って、一問一問絵を見ながら話し合い、考える形式の問題集。

31．推理思考	数、量、言語、常識（含理科、一般）など、諸々のジャンルから問題を構成し、近年の小学校入試問題傾向に沿って構成。
32．ブラックボックス	箱や筒の中を通ると、どのようなお約束でどのように変化するかを推理・思考する問題集。
33．シーソー	重さの違うものをシーソーに乗せた時どちらに傾くのか、またどうすればシーソーは釣り合うのかを思考する基礎的な問題集。
34．季節	様々な行事や植物などを季節別に分類できるように知識をつける問題集。
35．重ね図形	小学校入試で頻繁に出題されている「図形を重ね合わせてできる形」についての問題を集めました。
36．同数発見	様々な物を数え「同じ数」を発見し、数の多少の判断や数の認識の基礎を学べるように構成した問題集。
37．選んで数える	数の学習の基本となる、いろいろなものの数を正しく数える学習を行う問題集。
38．たし算・ひき算１	数字を使わず、たし算とひき算の基礎を身につけるための問題集。
39．たし算・ひき算２	数字を使わず、たし算とひき算の基礎を身につけるための問題集。
40．数を分ける	数を等しく分ける問題です。等しく分けたときに余りが出るものもあります。
41．数の構成	ある数がどのような数で構成されているか学んでいきます。
42．一対多の対応	一対一の対応から、一対多の対応まで、かけ算の考え方の基礎学習を行います。
43．数のやりとり	あげたり、もらったり、数の変化をしっかりと学びます。
44．見えない数	指定された条件から数を導き出します。
45．図形分割	図形の分割に関する問題集。パズルや合成の分野にも通じる様々な問題を集めました。
46．回転図形	「回転図形」に関する問題集。やさしい問題から始め、いくつかの代表的なパターンから、段階を踏んで学習できるよう編集されています。
47．座標の移動	「マス目の指示通りに移動する問題」と「指示された数だけ移動する問題」を収録。
48．鏡図形	鏡で左右反転させた時の見え方を考えます。平面図形から立体図形、文字、絵まで。
49．しりとり	すべての学習の基礎となる「言葉」を学ぶこと、特に「語彙」を増やすことに重点をおき、さまざまなタイプの「しりとり」問題を集めました。
50．観覧車	観覧車やメリーゴーラウンドなどを舞台にした「回転系列」の問題集。「推理思考」分野の問題ですが、要素として「図形」や「数量」も含みます。
51．運筆①	鉛筆の持ち方を学び、点線なぞり、お手本を見ながらの模写で、線を引く練習をします。
52．運筆②	運筆①からさらに発展し、「欠所補完」や「迷路」などを楽しみながら、より複雑な鉛筆運びを習得することを目指します。
53．四方からの観察 積み木編	積み木を使用した「四方からの観察」に関する問題を練習できるように構成。
54．図形の構成	見本の図形がどのような部分によって形づくられているかを考えます。
55．理科②	理科的知識に関する問題を集中して練習する「常識」分野の問題集。
56．マナーとルール	道路や駅、公共の場でのマナー、安全や衛生に関する常識を学べるように構成。
57．置き換え	さまざまな具体的・抽象的事象を記号で表す「置き換え」の問題を扱います。
58．比較②	長さ・高さ・体積・数などを数学的な知識を使わず、論理的に推測する「比較」の問題を練習できるように構成。
59．欠所補完	線と線のつながり、欠けた絵に当てはまるものなどを求める「欠所補完」に取り組める問題集です。
60．言葉の音（おん）	しりとり、決まった順番の音をつなげるなど、「言葉の音」に関する問題に取り組める練習問題集です。

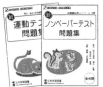

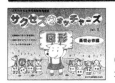

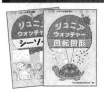

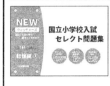

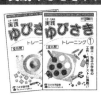

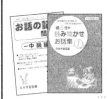

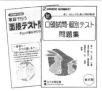

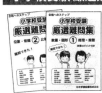

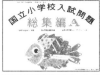

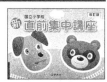

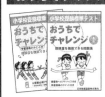

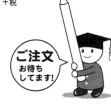

家庭学習をトータルサポート！ ニチガクの オリジナル 効果的 学習法

1 まずは アドバイスページを読む！

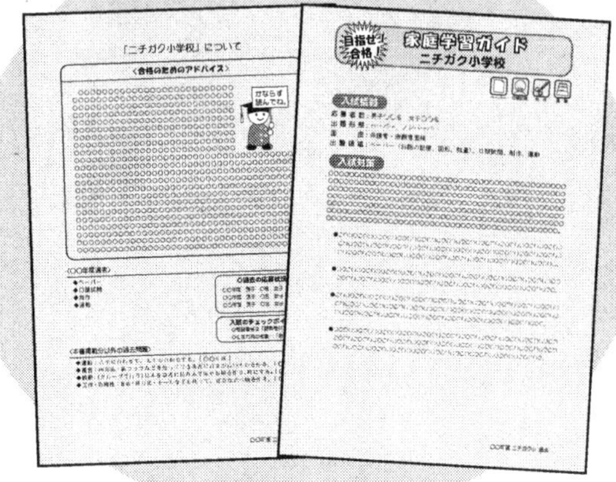

対策や試験ポイントがぎっしりつまった「家庭学習ガイド」。しっかり読んで、試験の傾向をおさえよう！

ピンク色です

2 問題をすべて読み、出題傾向を把握する

3 「学習のポイント」で学校側の観点や問題の解説を熟読

4 はじめて過去問題にチャレンジ！

5 プラスα 対策問題集や類題で力を付ける

過去問のこだわり

最新問題は問題ページ、イラストページ、解答・解説ページが独立しており、お子さまにすぐに取り掛かっていただける作りになっています。
ニチガクの学校別問題集ならではの、学習法を含めたアドバイスを利用して効率のよい家庭学習を進めてください。

各問題のジャンル

問題7 分野：図形（図形の構成） Aグループ男子

〈解答〉 下図参照

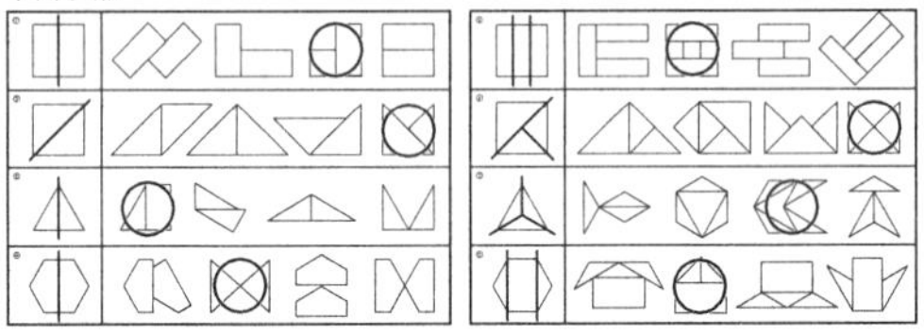

図形の構成の問題です。解答時間が圧倒的に短いので、直感的に答えないと全問答えることはできないでしょう。例年ほど難しい問題ではないので、ある程度準備をしたお子さまなら可能のはずです。注意すべきなのはケアレスミスで、「できないものはどれですか」と聞かれているのに、できるものに○をしたりしてはおしまいです。こういった問題では基礎とも言える問題なので、もしわからなかった場合は基礎問題を分野別の問題集などでおさらいしておきましょう。

【おすすめ問題集】
★ニチガク小学校図形攻略問題集①②★（書店では販売しておりません）
Jr・ウォッチャー9「合成」、54「図形の構成」

学習のポイント

各問題の解説や学校の観点、指導のポイントなどを教えます。
今日から保護者の方が家庭学習の先生に！

おすすめ対策問題集

分野ごとに対策問題集をご紹介。苦手分野の克服に最適です！
＊専用注文書付き。

2022年度版 東京農業大学稲花小学校
過去・対策問題集

発行日 2022年4月28日
発行所 〒162-0821 東京都新宿区津久戸町 3-11-9F
日本学習図書株式会社
電 話 03-5261-8951 ㈹

ISBN978-4-7761-5356-6

C6037 ¥2000E

定価 2,200 円
(本体 2,000 円 + 税 10%)

9784776153566

1926037020004

詳細は http://www.nichigaku.jp 日本学習図書 検索